建立运动促进健康新模式研究
——基于城市街道治理的视域

JIANLI YUNDONG CUJIN JIANKANG XINMOSHI YANJIU
——JIYU CHENGSHI JIEDAO ZHILI DE SHIYU

魏 建 著

人民体育出版社

图书在版编目（CIP）数据

建立运动促进健康新模式研究：基于城市街道治理的视域 / 魏建著. -- 北京：人民体育出版社，2023
　ISBN 978-7-5009-6371-4

　Ⅰ. ①建… Ⅱ. ①魏… Ⅲ. ①城市—社区管理—研究—中国 Ⅳ. ①D669.3

中国国家版本馆CIP数据核字(2023)第212839号

*

人 民 体 育 出 版 社 出 版 发 行
北京盛通印刷股份有限公司印刷
新　华　书　店　经　销

*

710×1000　16开本　11.75印张　185千字
2023年11月第1版　2023年11月第1次印刷

*

ISBN 978-7-5009-6371-4
定价：59.00元

社址：北京市东城区体育馆路8号（天坛公园东门）
电话：67151482（发行部）　　邮编：100061
传真：67151483　　　　　　　邮购：67118491
网址：www.psphpress.com
（购买本社图书，如遇有缺损页可与邮购部联系）

前　言

身体活动不足已成为21世纪全球最大的健康问题之一。众所周知，运动于健康有着积极的促进作用，国内外大量研究和实践证明："运动是良医"。正如世界卫生组织总干事谭德塞博士所言："运动与健康是天然的盟友，其益处也相辅相成。"世界卫生组织2018年6月发布了《世界卫生组织 2018—2030年身体活动和健康全球行动计划：加强身体活动，造就健康世界》，旨在帮助各国到2030年将成年人和青少年中缺乏身体活动的比例减少15%。在我国，随着健康中国战略的不断推进，促进全民健身与全民健康的深度融合成为社会各界的广泛共识。习近平总书记2020年9月在全国教育文化卫生体育领域专家代表座谈会上发表重要讲话时强调，"要推动健康关口前移，建立体育和卫生健康等部门协同、全社会共同参与的运动促进健康新模式""加快形成有利于健康的生活方式、生产方式、经济社会发展模式和治理模式，实现健康和经济社会良性协调发展"。

建立运动促进健康新模式，实现把运动健康促进作为一种生活方式贯穿于整个生命周期，有必要拓宽视域，在推进"体医融合共生"的基础上，探寻健康关口前移的新的落脚点。

城市作为2020年初暴发的新型冠状病毒肺炎疫情的"主战场"，引发了各界对城市治理中健康问题的高度关注。街道是城市中占比最大、最重要的公共空间，对促进居民身体活动和健康有着不可或缺的重要作用。因此我们有必要把视线投向街道，探索从城市街道治理视域促进居

民身体活动和健康的新模式、新路径。然而，长期以来我国体育界在研究全民健身场地设施供给时主要聚集于体育公园、全民健身中心、公共体育场馆等，对城市街道的体育化利用缺乏必要的考量；在城市和交通规划领域，对居民的身体活动和健康缺乏足够的重视，"健康入万策"多停留在口号上，街道治理以车辆通行效率为导向，由此带来了交通拥堵、资源枯竭、空气污染、人居环境恶化和身体活动不足等诸多问题；对城市居民而言，在享受汽车和电动自行车所带来的便利的同时，却丧失了利用日常通勤进行身体活动的机会，加剧了身体活动不足及其所引发的健康问题。在推进"健康中国"战略的背景下，我们必须考虑如何解决这些问题，从城市街道治理视域对居民的身体活动和健康进行主动式干预，助力我国运动促进健康新模式的建立。

尽管笔者很想呈现一篇高质量的文章，但囿于自己的学识、经验、视野和能力，从理论分析到案例研究，从研究设计到研究论证，从问题梳理到经验总结，从治理经验到治理策略，虽逻辑性尚可，资料也算翔实，但可能还存在问题意识不强、主线不够清晰、论述缺乏深度、学理性分析不足等问题。尽管如此，仍希冀这些不成熟的想法、不完善的观点能够为我国建立"运动促进健康"新模式带来些许启示，在学界中引起少许涟漪。

著者

2022年6月

目 录

第一章 研究缘起 …………………………………………（1）

  第一节 健康中国引领，健康观念渐入民心…………（3）

  第二节 城市快速发展，健康促进存在短板…………（4）

  第三节 健身空间不足，街道功能亟待完善…………（5）

  第四节 治理理念滞后，治理水平有待提升…………（7）

  第五节 国际共识达成，街道治理促进健康…………（7）

第二章 理论探微：运动健康促进与城市街道治理的相关理论 …………………………………………（9）

  第一节 相关概念辨析…………………………………（11）

    一、运动健康促进……………………………………（11）

    二、城市街道治理……………………………………（13）

  第二节 健康促进理论…………………………………（16）

    一、健康促进理论的概念……………………………（16）

    二、健康促进策略……………………………………（17）

  第三节 城市街道治理与运动健康促进………………（18）

    一、城市街道治理与运动健康促进的理论渊源………（19）

    二、城市街道治理与运动健康促进的内在联系………（22）

    三、城市街道治理与运动健康促进的互动关系………（30）

第三章　功能探骊：城市街道的运动健康促进功能 ……（41）

第一节　城市街道影响居民身体活动和健康的途径…………（43）
一、生活方式和习惯层面……………………………（43）
二、工作和生活环境层面……………………………（44）
三、社会和社区网络层面……………………………（44）
四、文化和环境条件层面……………………………（44）

第二节　城市街道的运动健康促进功能………………………（45）
一、城市街道的基本功能……………………………（45）
二、城市街道的运动健康促进功能…………………（49）

第三节　城市街道治理对居民身体活动和健康的影响………（52）
一、不良城市街道治理对居民身体活动和健康的消极影响 ……………………………………………（53）
二、良好城市街道治理对居民身体活动和健康的积极影响 ……………………………………………（56）

第四章　现实写照：我国城市街道治理视域下的运动健康促进现状 ……………………………………（61）

第一节　我国城市街道治理视域下的运动健康促进的进展与不足 …………………………………………（63）
一、"以人为本"渐入人心，但"大健康观"有待加强 ……………………………………………（63）
二、制度体系日趋完善，但相关制度执行欠佳………（66）
三、顶层设计日臻科学，但"贪大求阔"影响依旧…（68）
四、技术标准日趋完备，但设计细节亟待规范………（71）
五、科技赋能、时效提升，但粗放施工、人文失位…（75）
六、管理水平明显提升，但管理成效仍显欠佳………（77）

七、监督机制有所创新，但监督主体仍不明晰……………（81）
　　八、评价指标日趋多元，但评价体系仍不完善……………（84）
第二节　我国部分城市街道治理视域下的运动健康促进经验
　　　　………………………………………………………（85）
　　一、北京………………………………………………………（86）
　　二、上海………………………………………………………（93）
　　三、武汉………………………………………………………（99）
　　四、成都……………………………………………………（103）
　　五、常州……………………………………………………（106）
　　六、沧州……………………………………………………（111）
　　七、株洲……………………………………………………（115）

第五章　守正创新：我国城市街道治理视域下建立运动促进健康新模式的路径……………………………（121）

第一节　从思路转变出发，引导运动健康促进………………（123）
　　一、更新治理理念，为运动健康促进提供思想支撑
　　　　………………………………………………………（124）
　　二、明确治理原则，为运动健康促进提供目标支撑
　　　　………………………………………………………（129）
　　三、提升治理效能，为运动健康促进提供能力支撑
　　　　………………………………………………………（133）
第二节　从制度建设出发，保障运动健康促进………………（136）
　　一、科学制定政策，为运动健康促进提供制度保障
　　　　………………………………………………………（136）
　　二、加强政策执行，为运动健康促进提供运行保障 …（138）
第三节　从顶层设计出发，推动运动健康促进………………（139）
　　一、重视街道规划，为运动健康促进提供宏观指引 …（139）

二、注重街道设计，为运动健康促进提供微观指导 …（142）

第四节 从提质增效出发，加强运动健康促进…………（146）
一、注重街道建设，为运动健康促进提供硬件支撑 …（146）
二、提升管理成效，为运动健康促进提供软件支撑 …（149）

第五节 从空间提质出发，吸引运动健康促进…………（153）
一、打造绿色街道，为运动健康促进提供环境支撑
………………………………………………………（153）
二、创建活力街道，为运动健康促进提供"人气"基础
………………………………………………………（154）
三、营造健康街道，为运动健康促进提供场所保障
………………………………………………………（156）

第六节 从文化引领出发，倡导运动健康促进…………（157）
一、大力宣传主动式出行对个人、家庭和社会的益处 （157）
二、引导公众树立"运动无处不在"的理念…………（158）
三、积极开展健步悦骑活动，倡导运动健康促进……（158）

第七节 从活化消极空间出发，巩固运动健康促进………（159）
一、街道"消极空间"的活化使用……………………（159）
二、街道"金角银边"的灵活使用……………………（160）

第八节 从城市街道的体育化利用出发，强化运动健康促进
………………………………………………………（160）
一、定期的城市街道体育化利用………………………（161）
二、临时的城市街道体育化利用………………………（161）

结语 ………………………………………………………（163）

参考文献 …………………………………………………（165）

第一章

研究缘起

身体活动不足已成为21世纪全球最大的健康问题之一。众所周知，运动于健康有着积极的促进作用，国内外大量研究和实践证明："运动是良医。"正如世界卫生组织总干事谭德塞博士所言："运动与健康是天然的盟友，其益处也相辅相成。"世界卫生组织2018年6月发布了《世界卫生组织 2018—2030年身体活动和健康全球行动计划：加强身体活动，造就健康世界》，旨在帮助各国到2030年将成年人和青少年中缺乏身体活动的比例减少15%。在我国，随着健康中国战略的不断推进，促进全民健身与全民健康的深度融合成为社会各界的广泛共识。

习近平总书记2020年9月在全国教育文化卫生体育领域专家代表座谈会上发表重要讲话时强调，"要推动健康关口前移，建立体育和卫生健康等部门协同、全社会共同参与的运动健康促进新模式""加快形成有利于健康的生活方式、生产方式、经济社会发展模式和治理模式，实现健康和经济社会良性协调发展"。

建立运动健康促进新模式，实现把运动健康促进作为一种生活方式贯穿于整个生命周期，有必要拓宽视域，在推进体医融合共生的基础上，探寻健康关口前移的新的落脚点。

城市作为2020年初暴发的新型冠状病毒肺炎疫情（以下简称"新冠肺炎疫情"）的"主战场"，引发了各界对城市治理中健康问题的高度关注。街道是城市中占比最大、最重要的公共空间，对促进居民身体活动和健康有着不可或缺的重要作用。因此，我们有必要把视线投向街道，探索从城市街道治理视域促进居民身体活动和健康的新模式、新路径。然而，长期以来我国体育界在研究全民健身场地设施供给时主要聚集于体育公园、全民健身中心、公共体育场馆等，对城市街道缺乏必要的考量；在城市和交通规划领域，对居民的身体活动和健康缺乏足够的重视，"健康入万策"多停留在口号上，街道治理以车辆通行效率为导向，由此带来了交通拥堵、资源枯竭、空气污染、人居环境恶化和身体活动不足等诸多问题；对城市居民而言，在享受汽车和电动自行车所带来的便利的同时，却丧失了利用日常通勤进行身体活动的机会，加剧了身体活动不足及其所引发的健康问题。在推进健康中国战略的背景下，我们必须考虑如何解决这些问题，从城市街道治理视域对居民的身体活动和健康进行主动式干预，助力我国运动促进健康新模式的建立。

2021年8月发布的《全民健身计划（2021—2025年）》提出了"到2025年，全民健身公共服务体系更加完善，人民群众体育健身更加便利，健身热情进一步提高，各运动项目参与人数持续提升，经常参加体育锻炼人数比例达到38.5%"的宏伟目标。要实现这些目标，需要多措并举，认真贯彻落实习近平总书记提出的建立"运动促进健康新模式"的指示精神是重要抓手之一。当前，"大健康""大体育""健康入万策"等理念渐被各界所接受，体育部门与卫生健康部门的协作较以往更加密切，但在城市和交通规划设计领域，运动与健康仍不是其主要的考量因素，城市蔓延、职住分离，以及以车辆通行效率为导向的街道治理理念，增加了城市居民对机动化出行的依赖，减少了日常步行、骑自行车出行（以下简称"骑行"）等身体活动的空间和机会，加剧了身体活动不足和久坐不动的情况，从而影响着居民的健康水平。当前我国很多城市居民仍存在不健康的生活方式，国家卫计委2020年12月23日发布的《中国居民营养与慢性病状况报告（2020年）》显示："我国居民不健康生活方式仍然普遍存在，超重肥胖问题不断凸显，慢性病患病/发病仍呈上升趋势。"最新研究表明，日常增加身体活动，即使是很小的量，无论是否达到建议的身体活动水平，都会带来健康收益。

因此，建立运动促进健康新模式，有必要拓宽视域，探寻从城市治理层面促进居民健康的新模式和新途径，从城市街道治理视域建立运动促进健康新模式。在此语境下，提出适应新时代需要的城市街道治理视域下我国运动促进健康新模式的路径已成为当下亟待解决的理论和实践问题。

第一节　健康中国引领，健康观念渐入民心

党和国家历来高度重视人民健康。2007年10月，党的十七大报告首次提出"健康是人全面发展的基础"。2012年11月，党的十八大报告进一步指出"健康是人全面发展的必然要求"。2015年10月，党的十八届

五中全会提出了"推进健康中国建设",将健康中国上升为国家战略。2016年10月,中共中央国务院颁布了《"健康中国2030"规划纲要》,描绘了推进健康中国建设的宏伟蓝图和行动纲领。2019年7月,国务院印发《国务院关于实施健康中国行动的意见》,同时成立健康中国行动推进委员会。2020年10月,党的十九届五中全会再次提出要"全面推进健康中国建设"。

习近平总书记指出:"人民对美好生活的向往,就是我们的奋斗目标。"上述党中央国务院有关健康的表述的变化,比如从十八届五中全会的"推进健康中国建设"到十九届五中全会的"全面推进健康中国建设",一方面体现出党和国家对人民健康的高度重视和提升人民健康水平的坚定决心,另一方面体现了推进健康中国建设的复杂性和艰巨性,当前人民群众日益增长的健康需求与公共健康供给不平衡不充分间的矛盾仍有待缓解。特别是全国人民在经历了2020年新冠肺炎疫情之后,更加关注健康、注重健康和追求健康,健康观念已深入民心。

第二节 城市快速发展,健康促进存在短板

随着城镇化进程的不断加快,我国城镇化率在2020年底已突破60%,城镇常住人口近8.5亿。而对居民健康而言,城镇化是一把双刃剑,一方面其带来了生活条件、医疗设施和公共服务等的改善,在很大程度上促进了居民健康,另一方面其引发的环境污染、交通拥堵及"城市文明病"蔓延等问题则影响着居民健康。如何在快速城镇化的同时减缓其对居民健康的负面影响,成为各级政府和众多学者关注和研究的一个重要课题。

《"健康中国2030"规划纲要》提出,要"把健康城市和健康村镇建设作为推进健康中国建设的重要抓手……把健康融入城乡规划、建设、治理的全过程,促进城市与人民健康协调发展"。作为卫生城市"升级版"的健康城市建设无疑成为推进健康中国战略的一个重要抓手。2016年11月,38个城市(区)获批全国健康城市建设首批试点城市;2019年全国共有314个国家卫生城市(区)申报全国健康城市,其中

19个城市（区）被评为健康城市建设示范市。

为更好地推进健康城市建设，各省市区县积极开展健康社区、健康村镇、健康单位、健康家庭等"健康细胞工程"建设，逐步构建起"点面结合"的健康中国建设蓝图。这种健康城市与"健康细胞工程"相结合的模式有效推进了健康中国建设并取得了初步成效，形成了有利于促进居民健康的生产生活环境。然而，这种"点面结合"的模式在理论及实践上显然不如"点线面结合"的模式更为科学、合理和高效，而其中的"线"即城市中的街道。街道不仅串联起了城市中的"健康细胞"，而且城市健康支持性环境网络的营造以及城市15分钟生活圈和健身圈的构建均需依托于城市的街道。同时，城市街道本身也是城市最重要的公共空间之一，除基本的交通功能外，还具有健康、经济、社会和生态等功能，有利于促进城市与人民健康协调发展。因此，城市街道理应成为构筑健康城市和促进居民健康的重要因素之一，也理应成为建立运动促进健康新模式的重要视角之一。

第三节　健身空间不足，街道功能亟待完善

联合国人居署1996年发布的《伊斯坦布尔宣言》强调："我们的城市必须成为人类能够过上有尊严的、身体健康、安全、幸福和充满希望的美满生活的地方。"随着我国城镇化进程的不断推进，人民生活水平日益改善，民众追求高质量现代生活的强烈意愿与自然资源供给能力、生态环境承载能力间的矛盾，以及民众在教育、文化、体育、医疗及养老等方面不断增长的多元化需求与基本公共服务供给不足之间的矛盾日益尖锐，城市的可持续发展正面临严峻挑战。当前，国内许多城市都面临着公共健身空间总量不足、分布不均衡，类型单一、布局不合理，设施陈旧、维护不及时，管理滞后、效果不理想，监督缺位、权责不明晰，宣传乏力、渠道不畅达等困境，很多城市都存在群众"去哪儿健身"的难题，而上述问题已成为推进健康中国和全民健身战略的重要掣肘。

《"健康中国2030"规划纲要》提出，要"统筹建设全民健身公共设施，加强健身步道、骑行道、全民健身中心、体育公园、社区多功能

运动场等场地设施建设……在城镇社区实现15分钟健身圈全覆盖……人均体育场地面积达到2.3平方米"。学界也从城市全民健身公共设施的基本理论、构建现状、理想结构、国际经验及发展趋势等不同角度进行了探索，为后续研究提供了理论依据与实践基础。通过文献梳理，发现既有研究的视域多囿于"公共体育场地和设施"的构建及布局，而对其他可供公众进行身体活动的城市空间特别是城市街道缺乏足够的重视。2016年2月颁布的《中共中央国务院关于进一步加强城市规划建设管理工作的若干意见》提出，要"加强自行车道和步行道系统建设，倡导绿色出行……合理规划建设广场、公园、步行道等公共活动空间，方便居民文体活动"等指导性意见，为我国从城市街道治理视域促进居民身体活动和健康提供了政策依据。

2015年11月国家体育总局发布的《2014年全民健身活动状况调查公报》显示：20岁及以上人群经常参加的体育锻炼项目是健身走和跑步，分别占54.6%和12.4%，其他依次为小球类（乒乓球、羽毛球、网球）、广场舞和大球类（足球、篮球、排球）。2018年2月，浙江省体育局发布的《2017年浙江省全民健身活动状况数据报告》显示出类似的结果：居民最喜欢健步走和跑步，其次是广场舞和健身操。而在选择健身场地时，首选的是公园、广场和山地、道路类的地方；其次是自家室内和居住小区内；第三是去公共体育场地和健身俱乐部锻炼。从上述两项调查的结果可以看出：一是当前的体育场地与公众的实际健身需要并不匹配，居民只能在公园广场、街边空地等其他公共空间寻找锻炼的场所；二是健身走和跑步是我国20岁以上居民主要的锻炼方式，占比将近70%。根据盖尔（GEHL）事务所2020年发布的研究报告《新冠疫情期间的公共空间与公共生活》显示，后疫情时代，居民需要更近、更大、更便利、更丰富的健康活动空间载体。

因此，通过科学合理的城市街道治理，能够为居民进行健身走和跑步等身体活动创造安全、优美、舒适的环境，弥补全民健身场地不足，为破解群众"去哪儿健身"的难题提供新的解题思路。但长期以来，我国城市和街道规划设计领域中对健康的关注明显不足，城市街道作为城市公共空间领域的重要对象长期受到忽视，将街道视为仅具有交通功能的空间，导致街道这一重要的城市空间功能的单一化，街道多元功能亟待完善。

第四节　治理理念滞后，治理水平有待提升

我国受现代主义城市规划理念影响，许多城市存在"摊大饼式"的发展模式，按照居住、工业、游憩和交通功能进行分区，造成"职住分离"的普遍现象，造成广大民众每天通勤的时间长与经济成本高昂的局面。同时，大部分城市街道治理理念滞后，街道设计以"车"为本，忽视了对"人"健康的关照，由此带来了交通拥堵、资源枯竭、空气污染、人居环境恶化和体力活动不足等诸多问题。城市中的人们也似乎习惯了出门坐汽车、上楼坐电梯的生活，由此造成久坐不动、肥胖等城市文明病蔓延。国家卫计委2020年12月23日发布的《中国居民营养与慢性病状况报告（2020年）》显示："我国居民不健康生活方式仍然普遍存在，超重肥胖问题不断凸显，慢性病患病/发病仍呈上升趋势。"

如今是推进健康中国战略和《全民健身计划（2021—2025）》的重要战略时期，为实现"健康中国2030"的战略目标夯实健康基础，以健康居民、健康街道、健康社区、健康村镇和健康城市共同编织起"健康中国梦"。街道作为城市公共空间最主要的组成部分，对普及健康生活、优化健康服务、完善健康保障、建设健康环境、发展健康产业都有积极的促进作用。城市街道作为城市公共空间最主要的组成部分，如何根据我国国情，结合国内外的治理经验，提升城市街道治理水平，实现在兼顾经济、社会、生态等效应的同时，达成促进居民身体活动和健康的多赢局面，已成为当下亟待解决的理论与现实问题。

第五节　国际共识达成，街道治理促进健康

自20世纪中叶以来，欧美国家普遍面临由低密度发展模式所引发的城市蔓延、交通拥堵、环境污染和公共健康等问题。而健康问题已成为21世纪人类社会所面临的一项共同挑战，众多西方国家都在重新思考并探寻更多疾病预防的方法和手段。全球性领导机构普遍认为城市和街道规划设计影响着城市的宜居性和居民的健康与幸福（WHO，2018）。国

际著名的综合性医学期刊《柳叶刀》在2016年推出了一系列专题文章，从一个特殊的视角切入，探讨了城市和交通规划设计对于居民健康福祉的影响，聚焦于城市和交通规划设计如何通过影响人们交通出行模式进而影响人类健康。

  城市规划与人类健康之间的关联并非新闻。早在19世纪，城市规划通过改进住房和环境卫生、隔离居民区和工业污染区，抑制了城市工业化带来的疾病暴发。进入21世纪，全球性领导机构普遍认为城市规划和管理决策可以影响城市的宜居性，从而最终影响居民的健康与幸福。拥有良好规划的城市能够更好地减少非传染性疾病和道路交通伤害的发生，并能够更广泛地促进人们的健康。这其中一个关键领域就是城市街道治理视域下的运动健康促进，即通过科学合理地城市街道治理，减少公众对机动车出行的依赖和出行的频率，避免民众曝露于污染、噪音和城市热岛中，以安全、舒适、愉悦、健康的城市街道吸引公众选择主动式出行方式（active travel，主要指步行和骑行），逐步引导公众转向绿色、低碳、健康的生活方式，从而实现以城市街道治理促进居民身体活动和健康。

第二章

理论探微：运动健康促进与城市街道治理的相关理论

汽车是人类21世纪最伟大的发明之一，它深刻改变了人们的生活方式和出行方式，但这些改变也对公共健康产生了一定程度的负面影响。除环境污染外，汽车对公共健康最主要的影响是造成公众身体活动不足的局面。世界卫生组织2020年的统计数据显示，有四分之一的成年人和五分之四的青少年没有进行足够的身体活动，运动不足已成为全球第四大死亡风险因素。世界卫生组织健康促进司司长鲁迪格·克雷奇（Ruediger Krech）博士说："任何类型的身体活动，无论持续时间长短，都可以改善健康和福祉。所有的身体活动都是有益的，可以作为工作、运动、休闲或交通（步行、轮椅和骑自行车）的一部分。"

城市街道作为城市环境重要组成部分之一，与社会环境和物质环境一起会直接或者间接地影响到居民身体活动和健康。城市街道治理视域下的运动健康促进的核心要义就是通过城市街道治理促进居民身体活动和健康，其最直接的体现就是公众主动式出行比例的提升。最新研究表明，公众主动式出行的健康收益甚至大于其暴露在污染空气中的风险。因此，通过科学合理的城市街道治理，可以有效促进公众身心健康并提高其社会适应性，是对身体活动和健康进行主动干预的有效途径。

运动健康促进和城市街道治理都是近些年新兴的研究主题，一些相关的概念、本质和特征等基本问题尚未厘清，理论基础尚未确定，城市街道治理和运动健康促进之间的逻辑关系尚未厘清，而本章将对这些问题进行深入探究：首先对运动与身体活动、健康及其决定因素、健康促进因素、运动健康促进，以及城市、街道、治理、城市治理和城市街道治理等核心概念进行了辨析，在此基础上，分别界定了"运动健康促进"和"城市街道治理"的概念；解析了本研究的四个理论基础（健康促进理论、公共治理理论、新城市主义理论和精明增长理论）；最后，重点分析了城市街道治理与运动健康促进的理论渊源、内在联系和互动关系。城市街道治理视域下的运动健康促进属于新兴的交叉学科，通过对以上理论问题的阐析，进一步厘清本研究的脉络和研究思路，为研究框架的建构提供理论基础和研究依据并以此统摄全文，为准确把握各部分研究内容的逻辑关系和逻辑一致性提供理论支撑。

第一节 相关概念辨析

运动健康促进和城市街道治理都是合成词，两者在学界均并无统一的定义。本节通过辨析运动与身体活动、健康及其决定因素和健康促进因素以及城市、街道、治理和城市治理等相关概念，界定了运动健康促进和城市街道治理的概念，以期为后续研究提供理论基石和参考依据。

一、运动健康促进

正如学界对"体育"的概念和本质尚未形成统一认识一样，对运动健康促进的概念也未达成共识。北京体育大学的王正珍教授是"运动是良医"理念在我国的倡导者和推广者，近年来主要从事"运动健康促进"和"运动与慢性疾病的关系"方面的研究，她提倡"医体结合"和"治未病"，即在通过身体活动干预和减少久坐不动、身体活动不足的同时，用健身运动的方式促进慢性疾病和亚健康人群的康复，提高其健康水平。田野（2014年）分析了国内外促进国民参与体育活动的政策和体育活动促进健康的研究进展，认为学界已基本达成通过体育活动增加身体活动量进而提高健康水平的共识，该理念也得到了世界卫生组织和各国政府的高度重视。彭国强和舒盛芳（2016年）全面分析了美国的运动健康促进服务体系，认为其主要的做法是把身体活动作为健康维护与疾病预防的重要途径。有些学者则使用"体育健康促进"这一表达方式，虽然用词不同，但目标都是通过体育运动来促进健康，比如吕东旭等（2007年）从建设健康城市视角分析了构建体育健康促进体系的价值和途径。唐立慧、郇昌店和唐立成（2010年）对我国体育健康促进的研究现状进行了述评，汪晓赞等在2014年从理论渊源和框架构建层面分析了我国青少年体育健康促进工作，2020年又探析了我国青少年体育健康促进的发展战略。还有学者则使用"运动促进健康"的表述：李可基和张宝慧（2003年）分析比较了国际组织和各国政府有关运动促进健康的政策和措施。黄亚茹、梅涛和郭静（2015年）在考察了美国运动促进健

康指导平台的基础上，提出了我国应加强医体结合，强化运动促进健康的指导建议。上述研究对本研究均有一定的参考和借鉴价值。

"运动健康促进""体育健康促进"和"运动促进健康"在语义上都想表达通过体育锻炼和身体活动促进健康的含义，但目前尚无世界卫生组织等权威机构的定义，因此不同的学者根据自身的理解选词使用。以上相关用语的混乱使用也从侧面折射出我国体育界对相关学术用语的随意性和不严谨性。笔者认为"体育健康促进"的表述不如"运动健康促进"准确。因"体育"的概念过于宽泛，上述作者在文中所表达的实际都是通过体育锻炼和身体活动促进健康的意思，其中"体育"的含义是"体育运动"和"身体活动"，但用"体育"一词可能让读者产生作者想表述的是体育教育、竞技体育还是群众体育的疑惑，不一定会理解为作者想表达的是"体育锻炼"和"身体活动"的含义，因此用"运动"一词可以避免出现这种理解上的歧义。

"运动促进健康"与"运动健康促进"的表述含义区别较大。前文已分析过健康促进的概念和健康促进因素，"健康促进"这组专有词语所表达的是世界卫生组织所大力倡导的促进公共健康的行为和过程，而"促进健康"是"动词+名词"的动宾结构，表示促进健康的目的或结果。综上所述，本研究使用"运动健康促进"的表达方式。因"运动促进健康新模式"是习近平总书记2020年9月在全国教育文化卫生体育领域专家代表座谈会上发表重要讲话时提出的，故本研究在描述建立"运动促进健康新模式"时沿用"运动促进健康"的表述方式。

总而言之，所谓"运动健康促进"就是通过体育锻炼和身体活动的手段，促使人们维护和改善自身健康、提高个人健康素养、促进健康行为习惯的过程，也包括改变社会、政治、经济、文化和自然环境，建立政策、立法、财政、组织和宣传等健康支持系统的行动。此定义之所以用"体育锻炼和身体活动"的表述是为了区分以提高自身体质、体能和健康为目的的体育锻炼和日常工作、生活中的主动式出行等功利型身体活动。尽管从概念上说体育锻炼是身体活动的形式之一，但目前学界尚未达成统一的认识，因此用"体育锻炼和身体活动"的表述相对更易理解且不易产生误解。简而言之，运动健康促进是将身体活动干预与健康促进相结合的维护和改善健康的行为和过程。

二、城市街道治理

城市精细化治理是践行"人民城市人民建、人民城市为人民"理念的必然选择，对完善城市治理体系和推进城市治理能力现代化具有积极意义。街道作为城市中占比最大的公共空间，不仅承载着城市的道路交通功能，也为各种基础设施提供了空间载体；街道既是各种公共活动发生的重要场所，也是民众收获城市印象和寄托城市情思的主要对象。街道作为促进商业发展、提高城市活力、塑造城市形象、促进社会交往的重要载体，是城市精细化治理的重要切入点。加强城市街道治理对提升城市治理水平、建设宜居健康城市具有重要意义。

美国威斯康星大学建筑城市规划系的著名教授拉普卜特（Rapoport）在1987年把街道定义为："狭窄的线性空间，由各式建筑物构成的侧界面围合而成，它是城市中的一条通道，用于交通运输，有时也可供进行其他活动。"但是城市学者和观察家们都在不断地倡导把街道当作一个社会空间，而不仅仅是交通要道。有些学者甚至提出由置身于公共空间（如街道）中的人实现的社会可供性，要比由环境实现的物质可供性来得重要。

街道是城市空间的基本单元，人们通过街道来体验城市。街道经常被误解为是一个可供车辆移动的二维平面，事实上，街道是由许多表面和结构组成的多维空间，包括建筑边缘、土地利用以及拓展到建筑红线之间的空间。它们提供了通行和休憩的空间，促进各种活动的开展。

我国于1996年颁布的《城市道路管理条例》第二条将城市道路定义为："城市供车辆、行人通行的，具有一定技术条件的道路、桥梁及其附属设施。"从相关文件对道路的定义可见，道路主要服务于车辆和行人的通行，其主要功能是交通性。

街道是"街"与"道"的合称，目前我国尚无官方的定义。"街"为街市，强调场所性，"道"为交通渠道，关注通行性。百度百科将"街道"定义为"城镇中的道路，且此类道路两边有连续不断的房屋建筑"。

综上所述，本研究将街道定义为：由各式建筑物构成的侧界面围合而成的城市中的线性空间。"街道"强调其公共空间属性，使用主体是

人，"道路"强调其交通性属性，使用主体是车辆。故本研究在表述与公共性和人性化有关时一般表述为"街道"，而仅描述交通属性时表述为"道路"。此外，需要强调的是本研究所指的街道是对所有居民开放的城市街道，不包含小区、企业等只对少部分人开放的内部道路，更不是指城市基层管理中代表街道办事处简称的"街道"。

　　城市街道治理是城市治理中的重要一环。城市街道治理是一项复杂的系统工程，涉及城市规划、国土资源、交通规划管理，以及市政、交通交警、园林绿化、街道社区等多个部门，但目前各部门间的协同机制尚不顺畅，还存在各自为政的传统思维，反映在城市街道规划、建设和管理的方方面面，城市街道治理的理念、体制、机制亟待完善。2020年发布的《北京街道更新治理城市设计导则》提出要"建立城市街道的协同共建、共治和共享机制，实现从政府单一管理转向多元协同共治"的治理机制。相信未来城市街道的协同治理、科学规划、精心设计、高质量建设和管理的体制机制必将更加健全顺畅。

　　我国目前针对城市街道治理的研究尚不多见，特别是有关城市街道的治理理念、治理主体、治理范围、治理目标、治理原则、治理措施、治理能力、治理成效的研究屈指可数，相关研究主要聚焦于街道的规划和设计、慢行交通（慢行交通是相对于快速和高速交通而言的，有时亦可称为非机动化交通，慢行交通包括步行及非机动车交通，慢行交通的主体是步行及自行车交通）、空间治理等。

　　理论的缺乏必然导致实践的盲目。因此，要加强城市街道治理研究，首先应明晰其基本概念。街道治理可以大致分为规划、设计、建设、管理和使用几个阶段，不同阶段的治理主体和治理目标并不完全相同。同样，不同的街道类型以及不同的街道使用目的也会有着不同的治理主体、治理目标和治理诉求，加之治理主体间权责的模糊化、治理目标的多元化。要想确定城市街道治理概念中的治理主体和治理目标并不容易。在我国当前的语境下，各级政府无疑是城市街道治理中处于主导位置的治理主体，第三部门或非政府组织、企业和社会志愿者，以及社会公众等治理主体参与程度还较低，因此，本研究把城市街道治理主体界定为"以政府为中心的多元主体"。

　　还有一种常见的看法是，治理的目标在于追求公共利益的最大化。

其主要特点在于强调政府和社会对公共事务的共同治理。城市街道治理的最终目标不管是"善治",还是为了实现公共利益最大化,亦或是促进社会的协调发展和全面进步,都过于宏观、抽象,不易对标,可操作性不强,需要更为具体的目标。街道承载着交通、市政、经济、社会和文化等功能,不同的功能追求不同的治理目标;街道拥有三种属性:基本的公共产品、重要的活动空间和独特的人文载体,不同的属性也对应着不同的治理目标;不同的街道使用者也有着不同的诉求,也影响着街道治理目标的制定。

到底什么样的城市街道治理目标更有利于实现公共利益最大化?毫无疑问,那就是"以人民为中心"的治理目标。必须从人民群众对城市街道多样化的需求出发,以此为街道治理目标选择的基点。交通是街道的基本功能,而安全是交通出行的前提和根本;生态筑基、绿色发展,绿色街道不仅符合可持续、低碳生态的发展理念,更能满足公众对绿色和大自然的向往;塑造丰富、包容、富有弹性且充满烟火气的街道,以满足公众多样化、体验化、品质化的需求;优美的街道环境能让人感觉身心愉悦、舒缓心理压力,还会增加人与空间、人与人之间的交流互动,提高身心健康水平;培育人文街道,保护空间印记,强化时间记忆,提升居民对街道的集体认同感,彰显街道价值,焕发新的生命力;信息化时代,公众更加期待智能便捷的街道服务、智能集约的街道设施和智能高效的交通服务,建设智慧街道是应有之义。以上是"以人民为中心"的街道治理的主要目标,当然还会有一些其他的目标,比如包容、健康、文明等,这些目标在上述目标中有所体现,故本研究认为新时代"以人民为中心"的城市街道应是安全、绿色、活力、美丽、人文、智慧的街道。

综上所述,城市街道治理是指以政府为中心的多元治理主体,以构建安全、绿色、健康、活力、人文街道为治理目标,运用多样化手段对城市街道进行协同管理的过程和活动。这一概念的核心是通过民主协商、合作互助、协同治理,达成以"人民为中心"的治理目标,实现公共利益最大化,发挥城市街道治理在城市治理中的重要作用,践行"人民城市人民建、人民城市为人民"的初心和使命。

结合运动健康促进和城市街道治理的定义,城市街道治理视域下的

运动健康促进就是以政府为中心的多元治理主体以促进居民身体活动和健康为治理目标，运用多样化手段对城市街道进行协同治理的过程和活动。

当前学界对城市街道治理的本质和内涵的研究尚不深入，城市街道治理视域下的运动健康促进的含义"是什么"、为什么要从城市街道治理视域促进居民身体活动和健康和如何从城市街道治理视域促进居民身体活动和健康等问题尚未厘清。本研究试图探索城市街道体育化利用的方法和途径，从城市街道治理视域推进运动健康促进理念，提高居民的身体活动和健康水平，提升城市治理能力、完善城市治理体系，建立运动促进健康新模式，为推进健康中国战略和落实《全民健身计划（2021—2025年）》提供一些参考。

第二节 健康促进理论

本节从健康促进理论的概念和健康促进策略两个方面进行分析，为后续研究城市街道治理视域下的运动健康促进提供理论切入点和启示。

一、健康促进理论的概念

理论（theory）一词源出于希腊文（theoria），意为看、观察、反思。美国社会学家杰弗里·亚历山大（Jeffery C·Alexander）在其编著的《社会学二十讲》中提道："所谓理论，就是脱离个别事物的一般化，脱离具体事例的抽象。"

健康促进的目的在于增强人们对健康决定因素的控制能力，从而改善其健康水平。从学科角度来说，健康促进是一门构建在行为学、教育学、传播学、预防医学、社会科学和政治学等多学科基础上的、跨学科的综合性学科，其中行为学和社会科学是其重要的学科基础，因而健康促进所使用的理论很多也是来源于社会学与行为科学，除此之外有的还借用诸如心理学、社会学、人类学、消费者行为及市场学等。

总的来说，健康促进理论（health promotion theory）就是研究人们如何控制和提高自身健康的实践而提炼出的理性认识，是解释健康行为和指导健康促进实践的系统方法。健康促进工作的特定内容与方法决定了其理论基础必然涵盖诸多科学领域，如社会学、行为学、传播学、教育学以及政治学等。

二、健康促进策略

1986年11月，在加拿大渥太华召开的第一届国际健康促进大会上发表的《渥太华宪章》提出了健康促进的五项策略：

（一）制定健康的公共政策

制定健康的公共政策（build healthy public policy）包括法令、规章和规范，它在不同层面上都可以制定。健康的公共政策常常转化成立法，确保提供必要条件，促进发展健康的生活方式。

（二）创造支持性环境

创造支持性环境（create supportive environments）是指在促进人群健康的过程中，必须使物质环境、社会经济环境和社会政治环境都有利于促进公众健康。

（三）强化社区行动

如果说制定健康的公共政策强调了自上而下的政府决策以保证最大多数的受益者，强化社区行动（strengthen community action）则体现了自下而上的群众参与。

（四）发展个人技能

发展个人技能（develop personal skills），不仅意味着促使人们选择健康的生活方式，还能使群众更有效地维护自身的健康和所生存的环境，并做出有利于健康的选择。

（五）调整卫生服务方向

卫生服务是促进健康的社会决定因素之一。《渥太华宪章》指出，一个国家提出建设卫生系统的目标应该是"公正的、可承受、高效率的、技术上恰当的、环境上适宜并与消费者友好共处的；同时强调质量、创新、健康促进、尊重人的尊严，并强调促进个人的责任和社区的参与，以提高人们的生活质量，从而使这个国家成为一个拥有健康的个人、家庭和社区的国家"。

第三节　城市街道治理与运动健康促进

汽车是人类21世纪最伟大的发明之一，它深刻改变了人们的生活方式和出行方式，但这些改变也对公共健康产生了一定程度的负面影响。除环境污染外，汽车对公共健康最主要的影响是造成了公众身体活动不足的局面。世界卫生组织2020年的统计数据显示，有四分之一的成年人和五分之四的青少年没有进行足够的身体活动，运动不足已成为全球第四大死亡风险因素。世界卫生组织健康促进司司长鲁迪格·克雷奇（Ruediger Krech）博士说："任何类型的身体活动，无论持续时间长短，都可以改善健康和福祉。所有的身体活动都是有益的，可以作为工作、运动、休闲或交通（步行、轮椅和骑自行车）的一部分。"

城市街道作为城市建成环境重要组成部分之一，与社会环境和物质环境一起会直接或者间接地影响到居民身体活动和健康。城市街道治理视域下的运动健康促进的核心要义就是通过城市街道治理促进居民身体活动和健康，其最直观的结果就是公众主动式出行比例的提升。最新研究表明，公众主动式出行的健康收益甚至大于其暴露在污染空气中的风险。通过科学合理的城市街道治理，可以有效地促进公众身心健康并提高其社会适应性，对身体活动和健康进行主动干预。

本研究的主题是通过城市街道治理达成运动健康促进的效果，效果达成的对象是城市居民。当然，本研究并不是为了让城市居民都在街道上进行体育锻炼，这显然是不现实的，因此，本研究认为通过城市街道治理可以从以下几个途径达成促进居民身体活动和健康的目标：一是通过街道治理促进居民选择主动式出行，增加日常的身体活动；二是通过街道治理为居民进行健身走等休闲性体育活动提供舒适便捷的场所；三是通过街道治理为居民提供更多的健身空间，比如对高架桥下、街边广场空地等进行体育健身场地的改造；四是通过街道治理促进儿童青少年安全地在街道上进行游戏和玩耍；五是通过街道治理，保证街道安全、提升街道活力、美化街道环境、完善街道设施，吸引包括孕妇、老年人和残障人群在内的居民在街道上进行各种身体活动；六是通过街道治理，减少交通拥堵、空气污染、噪音污染，提高绿化率和绿视率，改善城市人居环境，促进居民健康；七是通过街道治理，提升城市公共空间的数量和品质，促进公众社会交往，提升其心理健康水平和社会适应性。这其中最核心也是最容易被人忽略的就是步行和骑行等出行方式所带来的健康收益，这也正是本研究关注和想要解决的一个重点问题。

一、城市街道治理与运动健康促进的理论渊源

英国伦敦、美国纽约等西方城市在19世纪至20世纪中叶都经历了城市化、工业化所带来的疾病暴发等公共健康危机。城市街道治理与运动健康促进的关系可以追溯到19世纪，当时伦敦通过改善街道环境和通风以抑制传染病的传播。虽然解决了传染病的传播问题，但是各种慢性疾病逐渐成为威胁人类健康的危险因素，比如身体活动不足及其所引发的慢性病已成为全球第四大死亡风险因素。而对于慢性病，如果仅归咎到个体不健康的生活方式，单纯采取传播健康知识的干预策略，效果有限，不能仅关注导致健康问题的下游因素而忽略了上游原因，特别是个体所处的社会和环境。基于这一认识，不少学者开始关注社会和环境因素对慢性病的影响，并从建立健康支持性环境入手进行健康干预，建成环境以及城市规划、街道治理等都成为影响居民身体活动和健康的因素，也是有效进行主动式健康干预的重要发力点。一百多年来，相关理论研究的脉络大致分为城市环境与传染病预防、城市规划与慢性病防治以及城市和街道治理对健康的主动式干预三个阶段。

（一）理论研究的起点：城市环境与传染病预防

早在19世纪，欧美国家就开始通过城市环境治理来改善住房和环境卫生、隔离居民区和工业污染区，以抑制城市工业化带来的疾病暴发。19世纪晚期，城市环境的混乱被认为与一些社会问题和健康问题有关。人们深信过度拥挤和卫生状况的恶化引起了社会与道德的沦丧。

社会与健康改革者们提出："可以通过改善环境来很好地控制不可避免的、社会杂乱无章的状态。"19世纪之前，城市还未建立起完善的供水、排水、通风和垃圾处理系统，容易造成传染病的发生和蔓延。发轫于19世纪初的城市卫生运动是城市建成环境与公共卫生最初的结合，主要致力于街道环境整治与通风处理。1875年，英国颁布了世界上首部《公共卫生法》（*Public Health Act*），包括基础设施建设、医疗卫生管理和街道建筑规范三个方面，是公共健康领域里程碑式的文件。当时就有学者针对环境与公共健康（阿哈利亚·马亨德拉）、街道与公共健康（文森蒂·鲍迪奇）进行了研究。但人类目前仍面临着快速城镇化所带来的交通拥堵、空气污染、住房拥挤等潜在的公共健康危机。

（二）理论研究的发展：城市规划与慢性病防治

从19世纪末到20世纪中期，随着城市轨道交通的发展和小汽车的普及，城镇化进一步提速，诞生了大量的高速公路，并把城市街道不断拓宽成为了以汽车为导向的大道，城市进入大规模的郊区繁荣时期。这种基于"花园城市"和"广亩城市设想"的城市规划理念虽对当时的城市规划有积极的引导作用，但同时也进一步加剧了城市蔓延和职住分离现象，从而逐步改变了公众传统的生活习惯和出行方式，意外死亡和慢性非传染性疾病死亡渐成为公共健康面临的首要问题。

大量实践证明，科学的城市和交通规划能够减少慢性非传染性疾病和道路交通伤害的发生，更广泛地促进人类的健康福祉。其中最具影响力的研究是2016年比莉·贾尔斯-科尔蒂（Billie Giles-Corti）等在国际知名医学杂志《柳叶刀》上发表的《城市规划和人口健康：一项全球性挑战》，该文指出21世纪人类面对着巨大的全球性健康挑战，主要包括不健康饮食、身体活动缺乏、非传染性疾病、道路交通伤害、肥胖增多，以及人口激增、快速城市化、全球气候变化的影响等。这些挑战迫使我们不得不去重新思考更多的防治措施。然而，机动化交通的快速发展让城市区域的地理尺度变得更加广阔，并伴随着空前的城市人口增长，这种变化让机动化交通成为城市规划的重中之重。然而，城市规划和交通规划目前还分处于城市政府的不同部门，也分别属于不同的专业学科，且各自的理论和方法体系也有所不同。该文章通过文献综述，总结出城市和交通规划及城市设计（可统称为"城市规划"）直接或间接地影响非传染性疾病、道路伤害，以及引发其他有害健康事件的方式。

（三）理论研究的目标：城市和街道治理对健康的主动式干预

世界卫生组织认为城市和街道规划设计影响着城市的宜居性和居民的健康与幸福。良好的城市规划能够更好地减少非传染性疾病和道路交通伤害的发生，并且能够更广泛地促进居民身体活动和健康。这些目标可以通过减少公众对机动车的依赖、频繁的交通出行、暴露于污染、噪音以及城市热岛当中来实现，同时提升公众的心理健康，实现低碳化生活方式，选择安全、舒适、愉悦、健康的步行与骑行方式出行。从城市和街道规划设计层面对身体活动和健康进行主动式干预成为许多国家和机构的共同选择，特别是把城市街道治理、激发公众主动式出行作为身体活动和健康干预的重点。

从城市街道治理视域主动干预身体活动和健康成为近年来城市治理的新趋势。2020年7月27日，英国成立了新的政府部门——"主动式出行英格兰"（Active Travel England），拟在五年内投入20亿英镑以改善全英的步行和骑行环境。国外这些从城市街道治理视域促进居民身体活动和健康的经验以及一些城市通过合理地规划设计，让街道不仅成为人们日常出行的通道，亦是公众健身娱乐活动的"运动廊道"，比如英国的"绿线"计划（The Greenline）和儿童的"游戏空间"，如伦敦的"街道游戏"（Play Streets）和纽约的"夏日街道"（Summer Streets）的理念和做法都拓宽了本研究的研究思路和视野。

一直以来，西方许多国家都面临着城市蔓延及其对公众健康的影响问题。一百多年来相关研究的脉络大致分为城市环境与传染病预防、城

市规划与慢性病防治、城市和街道治理对健康的主动式干预三个阶段。研究的重点是重塑一个更有利于公众进行身体活动、提升其健康水平的城市空间。为此，西方各国近年来积极倡导从城市规划、土地使用、道路及建筑设计、基础设施建设等方面入手，通过推行高密度、土地混合利用的规划理念，提高空间的多功能性和可达性，不断加强绿色基础设施和交通设施建设等措施，为公众创造更多参与身体活动的空间和机会，意在逐步转变公众久坐不动的生活方式，提高身体活动的频率和健康水平。西方大多遵循"循证施政"的治理理念，各级公共健康及体育部门积极推动相关组织机构和学者开展有关身体活动、城市空间与健康方面的研究，取得了较为丰硕的研究成果和颇佳的推广效果。近年来，通过城市街道治理减少机动车出行、提高居民主动式出行的比例，进行提高身体活动频率和健康水平逐渐成为了一个研究热点，并得到世界卫生组织和很多国家的大力推介。

在我国推进健康中国战略和全民健身战略的关键时期，我们有必要转变传统的工作思路，拓宽视域，探寻促进居民身体活动和健康的新方法和新途径。前文对城市街道治理与运动健康促进的关系进行了理论渊源，我们还需在理论上厘清城市街道治理与运动健康促进的内在联系和互动关系，以便更好地指导实践。

二、城市街道治理与运动健康促进的内在联系

国内外的大量研究和实践表明，城市街道治理是促进居民身体活动和健康的有效手段，得到包括世界卫生组织在内的国际组织和伦敦、纽约、新加坡等城市的大力推介，近年来从城市街道治理视域主动干预身体活动、健康成为城市治理的一个新趋势。

要实现《全民健身计划（2021—2025年）》提出的宏伟目标，需要多措并举，建立"运动促进健康"新模式，但新模式的建立不能一蹴而就，需要科学理论和实践经验的支撑。基于国内外的经验，本研究认为从城市街道治理视域着手是建立"运动促进健康"新模式很好的突破口，特别是在汽车文化盛行、慢行文化式微的当下，需要从城市街道治理视域入手扭转居民不良生活方式和生活习惯，减缓身体活动不足的情况，为居民提供更多的健身空间、交往空间和绿色空间，促进居民身体

活动和健康。

（一）城市街道治理是促进居民身体活动和健康的有效手段

1. 通过城市街道治理促进居民回归"最自然的身体活动"

步行是最自然的身体活动，也是最基本的运输方式。一种关于锻炼和健康之间关系的综合性观点认为步行是最完美的锻炼方式。但是近年来，以"车为本"的街道治理忽视了步行是人类基本行为这一最基本的生物学事实，这是一个危险的信号。如果我们不把步行方式引入我们的日常生活和城市基础设施中，那么我们创建的城市将会是一个不健康的城市。

众所周知，步行是一种有氧运动，可以锻炼腿部肌肉，能够在温和的强度下进行锻炼，适合各个年龄段的人群，满足所有健康身体运动的条件。在对流行病学的研究中，有越来越多的证据证实了步行对心脏病的预防和总体死亡率的减少的作用。例如，一项研究发现，中年人每星期步行15公里可以减少死亡风险。在任何地点，无论多大的运动量，步行都会消耗能量，能帮助人们消耗大量能量以此来达到控制能量平衡和控制体重增长的目的。以轻快的步速步行对于心肺呼吸有着重要意义。例如，对于女性来说。如果把步行速度从4.8公里（3英里）／小时增加到6.4公里（4英里）／小时，对于健康的作用将会有一个很大的提升，如果把步行速度提升至8公里（5英里）／小时，将会得到双倍的效果。

散步是最流行的消遣活动，它能被各个年龄段的人们接受，也不受身体条件的限制，只需要较少的技巧和特殊的器材。事实上，过去被大多数人所接受的有氧运动已经过时了，因为许多人发现它有很多不便之处。花费时间和精力的定期运动或锻炼计划以便养成一个规律的运动模式的要求太苛刻，相反，步行是一种低负荷、低风险的运动，它可以每天练习，并且能让更多的潜在人口参与进来。这项研究证实，在所有促进锻炼（包括步行、慢跑、游泳、音乐）的随机对照实验中，步行的促进作用最大并得出了"步行是一项最具有潜力的活动。它能够改善久坐不动的人的综合运动水平，并且它也符合当前的公共卫生建议"的结论。

影响居民选择步行的因素是多样的，其中一个重要因素是支持步

行的街道环境阙如，现在很多城市的街道对步行者并不友好，但这一问题近年来得到各级政府的重视并着力进行解决。遵循着"人民城市人民建、人民城市为人民"的初心和使命，以人民为中心、以人为本和人性化等理念逐步融入城市街道治理的全过程之中。传统的仅注重车辆通行效率的"车本位"思想逐渐退出了历史舞台，"人本位"成为当前城市街道治理的主流思想。上海、成都、昆明、深圳、南京、北京等城市先后出台了通过街道治理的顶层设计来制定提升城市魅力、激发城市活力、改善城市生态、促进社会交往、繁荣商业市场、保证交通安全和倡导绿色出行等的街道设计导则。"以人为本""慢行优先"和"绿色发展"成为众多城市的共同选择，街道步行环境得到大幅改善，有效地促进了居民进行步行出行或散步、健步走等健身活动的开展。

2. 通过城市街道治理让居民畅快骑行

骑行不仅是一种比步行出行半径大的、低碳、节能、有效的中短距离出行方式，还是一种民众喜闻乐见的有氧运动，一般比步行的强度大，以锻炼腿部肌肉群为主，消耗较大的能量，并在一定程度上有促进心血管健康的潜力。由于跑步等运动给自身关节带来压力，许多人不能做这些运动，但骑行时车身承受了身体的重量从而可以减轻关节的压力，这使得骑自行车成为解决某些关节问题的一种很好的锻炼形式。步行和骑行活动的增加对几种主要疾病的发病率和死亡率有着重要影响，特别是心血管疾病、肥胖症和糖尿病。作为一种体育运动形式，骑自行车和步行比传统的运动形式更吸引人，也更能鼓励人们参与进来。

步行和骑行对改善身体活动和健康有巨大潜力，同时这两种出行方式也是有效的、无污染的、非侵入性的和健康的。它们作为一种身体活动形式，是受欢迎的、便利的、促进健康的。从哥本哈根的治理经验可见，通过城市街道治理可以有效提升居民骑行出行的比例和满意度。最新报告显示，90%的哥本哈根居民认为城市出行方便快捷；90%的居民对自行车设施的情况表示满意；75%的居民出行靠步行、骑车或是公交。相比于2005年，温室气体的排放量已经减少38%。

加强城市街道治理，大力推广和促进步行和骑行这两种主动式出行方式，在提升居民身体活动和健康的同时，实现节能减排、减少空气和噪音污染、提升城市环境品质的多赢局面，这也是体育与健康领域和城市街道规划设计领域专业人士实现联合互补目标的最好途径。

3. 通过城市街道治理为居民提供健身空间

随着我国城镇化进程的不断推进，人民生活水平日益改善，民众追求高质量现代生活的强烈意愿与自然资源供给能力和生态环境承载能力间的矛盾，以及民众在教育、文化、体育、医疗及养老等方面不断增长的多元化需求与基本公共服务供给不足之间的矛盾日益尖锐，城市的可持续发展面临严峻挑战。当前，国内许多城市都面临着公共健身空间总量不足、分布不均衡、类型单一、布局不合理，设施陈旧、维护不及时，管理滞后、效果不理想，监督缺位、权责不明晰，宣传乏力、渠道不畅达等困境，造成很多城市都存在群众"去哪儿健身？"的难题。上述问题已成为推进健康中国和全民健身战略的重要掣肘。

2015年11月国家体育总局发布的《2014年全民健身活动状况调查公报》显示：20岁及以上人群经常参加的体育锻炼项目是健身走和跑步，分别占54.6%和12.4%，其他依次为小球类（乒乓球、羽毛球、网球）、广场舞和大球类（足球、篮球、排球）。2018年2月，浙江省体育局发布的《2017年浙江省全民健身活动状况数据报告》也显示出类似的结果：居民最喜欢健步走和跑步，其次是广场舞和健身操；而在选择健身场地时，首选的是公园、广场和山地、道路类的地方锻炼；其次是自家室内和居住小区；第三是去公共体育场地和健身俱乐部锻炼。从上述两项调查的结果可以看出：一是当前政府提供的体育场地与公众的实际健身需要并不完全匹配，他们只能在公园广场、街边空地等其他公共空间寻找锻炼的场所；二是健身走和跑步是我国20岁以上居民主要的锻炼方式，占比甚至将近70%。

因此，通过科学合理的城市街道治理，为居民进行健身走和跑步等身体活动创造安全、优美、舒适的环境，弥补全民健身场地不足，为破解群众"去哪儿健身？"的难题提供新的解题思路。

4. 通过城市街道治理为居民提供交往空间

街道是城市最重要的公共空间之一，同时也是联系其他城市公共空

间和实现城市功能的纽带。通过合理的城市和街道规划设计和布局，可以营造出积极向上的城市街道氛围，形成良好的社会氛围和社区网络，促进公众日常沟通交流，缓解心理压力、消除孤独，从而保持和改善居民的健康状况。反之，在一个消极的、彼此疏离的甚至排斥的城市街道氛围中就难以形成积极的社会和社区网络，可能会引发健康问题。

人们在同一条街道上工作、学习和生活，就会引发各种社交活动。这就意味着只要街道上具有发生社交活动的条件，就有可能促成社交活动。街道是居民日常生活中不可或缺的交往空间，是故事发生的地方。安全、舒适、宜人的城市街道有利于构建个人的社会支持系统，提高人的社会适应性。

5. 通过城市街道治理提升城市环境品质

在当今各种全球性问题中，环境问题备受国际社会的共同关注，我国也不例外。可以毫不夸张地说，环境问题已成为当下一个全球性的挑战和难题，迫使各国政府和学界重新审视和反思人、自然、社会之间的全面关系，反思物质文明、精神文明、生态文明之间的关系，遵循人、自然、社会和谐发展的客观规律，尊重自然、保护自然和生态环境，走资源节约、环境友好、生态平衡的可持续发展之道，这对于正处在工业化和城镇化加速进程中的中国来说，尤为迫切，也尤为艰巨。

城市在我国的环境治理中占据着重要位置，而街道则是反映城市环境品质的窗口。因此，加强城市街道治理对提升城市环境品质意义重大，生态筑基，绿色发展。要强调城市生态文明建设理念，在此过程中，对资源集约利用，倡导市民绿色出行，提升街道绿化品质，通过层次丰富的街道绿化、生态集约的绿化空间、加强街道海绵功能和鼓励使用绿色材料等方式加强海绵城市建设，降低街道建设对环境的冲击，提升自然包容度，构建可持续发展、低碳生态人性化的绿色街道。绿植对改善城市空气质量、降低城市热岛效应、减少噪音污染、建设海绵城市等都有积极的作用，绿植同样能够降低人们的压力，提升幸福感，而道路两旁是否有遮阴的行道树则是在烈日炎炎的夏季公众考虑主动式出行的一个影响因素，有遮阴的行道树对居民身体活动和健康具有积极作用。

（二）促进居民身体活动和健康需要从城市街道治理视域干预

1. 身体活动不足需要从城市街道层面干预

随着我国城镇化进程不断加快，我国的城镇化率在2020年底就已突破60%，城镇常住人口近8.5亿。对公共健康而言，城镇化是一把双刃剑，一方面其带来了生活条件、医疗设施和公共服务等的改善，在很大程度上促进了居民健康；另一方面其引发的环境污染、交通拥堵及"城市文明病"蔓延等问题则影响着居民健康。长期以来我国的城市街道治理以车辆通行效率为导向，街道设计以车为本，忽视对人的健康关照，由此带来了交通拥堵、资源枯竭、空气污染、人居环境恶化和身体活动不足等诸多问题。如何在快速城镇化的同时减缓其对居民健康的负面影响，成为各级政府和众多学者关注和研究的一个重要课题。

尽管步行和骑行是城市交通可持续发展最节能、最健康的一般模式，人们也意识到步行或骑行是短途出行最好的方式，但很多人并不会按照理论上似乎是最合理的方式来做。尤其在汽车成本降低后，汽车的速度、舒适性和便利性使它成为了最强大的竞争者。同时，与基于汽车和石油的经济规模相比，步行和骑行相关的经济只是微小的，也是缺乏影响的，而支持汽车的决策往往被视为经济增长、现代化和发展的同义词。故在很多国家和城市，相比对汽车和石油产业的支持，对主动式出行相关政策和财政支持力度亟待加强。

因此，在建设健康中国的背景下，必须抑制城市蔓延和职住分离现象，扭转过往以车辆通行效率为导向的街道治理理念，通过街道串联起城市15分钟生活圈和15分钟健身圈等健康支持性环境网络，减少居民对机动化出行的依赖，增加居民日常步行、骑行等身体活动的空间和机会，减缓身体活动不足和久坐不动的情况，提高居民的健康水平。

2. 不良生活方式和出行方式需要从城市街道层面干预

虽然说人们的生活方式和出行方式很大程度上取决于其观念，但生活环境和出行环境同样影响着生活方式和出行方式。在过去的100多

年里，对于步行以及公共空间的认知都被汽车驾驶人所控制，接踵而来的就是在很多方面都展现出对行人的各种不利因素，比如不良的公共空间、危险的街道、设施的缺乏、路权的不平等、资金的匮乏以及政府管理部门对行人利益的疏忽，更加剧了很多民众形成了不良的生活方式和出行方式。出门坐汽车、上楼坐电梯成为很多人的生活习惯，造成久坐不动、肥胖等城市文明病蔓延。国家卫计委2020年12月23日发布的《中国居民营养与慢性病状况报告（2020年）》显示："我国居民不健康生活方式仍然普遍存在，超重肥胖问题不断凸显，慢性病患病／发病仍呈上升趋势。"

街道与人的日常生活联系密切。我国常用"衣食住行"来描述老百姓日常最基本的需求。"行"虽然排在最后，但"衣食住"都离不开"行"，去买衣服（就是网购也要下楼取快递吧）、去外面吃饭或购买食材、回家或选择居住的地方等在正常情况下都会涉及到出行，而街道是出行的基本物质保障。街道与人们的生活联系是如此紧密，与街道相关的街道生活、街道文化和街道环境等都影响着人们的生活方式和出行方式。因此，要从城市街道治理视域干预不良的生活方式和出行方式，倡导绿色、健康的生活方式和出行方式，从而促进居民的身体活动和健康。

3. 社交空间不足需要从城市街道层面干预

街道是开放的城市公共空间，尽管在历史的长河中街道使用模式和细节在不断发生变化，但街道一直是聚会、市贸和交通空间，一直是人们相互见面和问候的地方，也是一个交换城市和社会信息的地方，更是一个举办重要活动的地方。街道的历史记录了城市文化和功能的变迁。

一直到20世纪早期，街道都是城市的最重要的公共空间，是人们社会交往的场所，但在二战后的几十年内却沦为供车辆迁移流动的空间，而日常交往也更多地发生在私人领域：在家中、在计算机旁、在汽车里、在个人的工作场所。相比于生活中的私人空间，在公共场所与他人交流互动的机会更具吸引力。进入21世纪，街道又恢复了它在城市生活中的重要地位，如何发展混合功能的街道成为重要议题，街道的公共空间和社会交往功能得到极大重视。

人是社会的人，与他人的交往不仅是保持心理健康的重要手段也是提高社会适应能力的重要途径。促进社会交往也是城市的重要功能。

芒福德认为："城市的首要功能是允许和鼓励不同人之间、不同人群之间的会面、交流和挑战，为人类的社交生活提供一个舞台。"在斯堪的纳维亚，有一句古老的谚语非常精辟："人往人处走。"有趣的街道会吸引人们前往、逗留、游憩。通过城市街道治理，可以为行人和骑行者提供充足的出行空间和舒适的社交空间，让街道重新成为聚集和社交场所，成为故事发生的地方，弥补城市居民社交空间的不足。

4. 健身空间不足需要从城市街道层面干预

当前，国内许多城市都面临着公共健身空间总量不足、分布不均衡，类型单一、布局不合理，设施陈旧、维护不及时，管理滞后、效果不理想，监督缺位、权责不明晰，宣传乏力、渠道不畅达等困境，造成很多城市都存在群众"去哪儿健身"的难题，上述问题已成为推进健康中国和全民健身战略的重要掣肘。习近平总书记也提出要建立"运动促进健康"新模式，故而亟须我们拓展工作视野，探寻解决群众"去哪儿健身"这一难题的新的破题思路。

国内外的理论和实践经验告诉我们，步行和骑行不仅是两种最易达成的出行方式，也是不少公众主要的健身方式，对减缓公众的运动不足的情况具有积极的作用。同时也是解决城市交通拥堵、环境污染和资源枯竭等问题的有效举措。通过科学合理的城市街道治理，可以为居民进行健身走和跑步等身体活动创造安全、优美、舒适的环境，弥补全民健身场地不足。

5. 绿色空间不足需要从城市街道层面干预

绿色空间对居民的身心健康具有积极的促进作用。生活在城市的人们更加向往亲近大自然。街道是城市绿色空间的重要组成部分，通过街道治理，充分挖掘城市街道绿化带及公共空间的绿化潜力，增加街道绿量，塑造丰富的植物景观层次。利用街道零散空间资源，设置小型生物滞留、生态树池等设施以增加街道绿量。

我国很多城市近年来也在加强街道绿化方面取得了较好的效果，有效扩充了城市的绿色空间。比如北京的平安大街通过重构街道尺度、取消原有两侧停车带、压缩机动车道宽度，将富余的空间用于增设中央绿化带，拓宽两侧人行道，人行步道宽度由之前最窄处不足1米拓宽到如今

的平均3.5米以上。坚持"绿不断线，花不断带"的设计原则，以"多乔木、多层次、多色彩、多类型"为设计方法，营造"骑行在林荫路、健步在花园街、休闲在微公园"的绿色空间，极大提高了街道绿量和绿视率，使生态效益最大化，大体量的增绿让原本空旷失衡的街道变成了一条绿树成荫、亲切宜人的绿色大道。

三、城市街道治理与运动健康促进的互动关系

（一）城市街道治理水平提升可以有效促进居民身体活动和健康

前文已论述了城市街道治理与运动健康的内在联系，一方面城市街道治理是促进居民身体活动和健康的有效手段体现在：通过城市街道治理，在促进居民主动式出行的同时能够为居民提供更多健身空间和交往空间并提升城市环境品质，从身心健康、社会适应和环境支持等方面实现运动健康促进；另一方面居民身体活动不足、不健康的生活方式和出行方式，以及健身空间、社交空间、绿色空间的不足等问题，都需要从城市街道治理视域干预。而城市街道治理水平的提升可以有效促进居民身体活动和健康。

1. 城市街道治理水平提升可以促进居民功利型身体活动

功利型身体活动是指为特定目的而被动进行的身体活动，包括日常通勤和体力劳动，功利型身体活动同样有益于健康，街道治理水平的提升可以促进居民日常通勤时选择主动式出行。

影响居民主动式出行的因素是多方面的，既有观念和习惯的影响，又有政策和制度的制约，更有环境和设施的阻碍。城市街道治理水平提升对居民主动式出行的促进作用主要体现在后两个方面，即通过城市街道软硬件水平的提升为居民主动式出行创造良好的政策条件和物质条件，而居民观念和习惯的改变除受环境因素影响外还会受到社会政治经济文化的影响，这种改变是一个较为漫长的过程，引导、激励居民选择主动式出行与其生活方式和价值体系相一致可能并不如改善街道的软硬件条件那样有更直接的效果，但一旦达成这种一致，那么效果会更持

久。这是一个复杂的过程，包含的因素和环节更多，涉及到改变人的观念和习惯问题，稍后再进行分析。

简而言之，街道治理水平提升对促进居民主动式出行最直接和最易见的成效就是街道步行和骑行环境的改善，比如步行和骑行通道的路面平坦、宽度适宜、无障碍物、交通标识清晰、夜间照明充足、基础设施齐全、绿化遮阴丰富，以及交通稳静化、增加行人安全岛、缩短人行横道长度等措施都能改善街道环境，让那些受街道环境影响放弃步行或骑行的人群重启主动式出行，也会促使一些潜在的有主动式出行需求的居民减少机动化出行。除改善环境外，还要从政策、体制、文化、行为、习惯等多个层面入手切实提升街道治理水平，配合城市总体规划和土地规划，遏制城市蔓延和职住分离现象，提倡土地的混合利用，构建"15分钟工作生活圈"，减少居民日常通勤距离，为主动式出行创造更多的机会和条件，逐步形成主动式出行的社会氛围和文化。

2. 城市街道治理水平提升可以促进居民消遣型身体活动

消遣型身体活动是指为锻炼身体而主动进行的身体活动，比如打球、跑步等。在我国，很多城市的中心区域和老城区普遍存在全民健身场地不足的问题，而遍布城区的大街小巷通过合理的设计和改造可以成为公众消遣型身体活动的场所。街道改造可以促进以下三种类型的消遣型身体活动：一是步骑行环境的改善可以促使居民在街道上进行散步、健步走、骑行、轮滑等各种非通勤目的的身体活动；二是利用街道边角空地和高架桥下空间改造而成的健身广场、健身路径和足球、篮球、乒乓球等球类场地，可以满足居民广场舞、健身和进行各类球类活动的场地需求，吸引附近居民到此活动；三是通过临时或定期的道路交通管制，实现特定时期、特定区域的街道仅对行人和骑行者开放，让街道成为公众进行健身、娱乐、游憩等消遣型身体活动的空间。

前两类活动在我国的很多城市的部分街道已经实现，但第三类活动在我国还非常少见，主要是某些城市在举办马拉松等大型体育赛事时会封闭道路，而为满足老百姓日常的身体活动而封闭道路的情况还比较罕见。在我国很多城市中，一些区域特别是老城区，人口密度和建筑密度都非常高，但在早期规划时大都未按人口比例规划建设健身场所，"群众去哪儿健身？"难题突出，是否可以借鉴国外的经验和做法，通过合

理的规划设计,让遍布城区的大街小巷成为公众消遣型身体活动的场所,还需进行大量的调查、走访和研究。这种做法在理论上完全可行,但要付诸实践可能会受到交通管理、街道社区等管理部门以及附近单位、商户和居民的质疑,因此还需要各方协商,归根结底是各方的利益博弈。交通效率和健康效益到底孰轻孰重?这考验着决策者的智慧。此项工作最好由体育部门牵头,交通、交警和街道办事处等部门配合,根据当地情况,确定试点路段并制定合理的试行方案。

期待国内早日出现试点城市,为解决公众"去哪儿健身?"难题提供一个新的破题思路。同时,学界要加强国外相关经验的本土化研究,不断探索适合我国国情的利用城市街道进行健身活动的方式、方法和途径,为相关部门的决策提供参考。

3. 城市街道治理水平提升可以促进儿童青少年的身体活动

世界卫生组织指出,全世界四分之三的青少年(11~17岁)尚未达到世界卫生组织推荐的身体活动量。在我国,儿童青少年同样广泛存在身体活动不足的情况,对照全球活力健康儿童联盟的"儿童青少年身体活动评价指标体系"来看,国内儿童青少年的评定等级普遍不高,尤其是社区层面的身体活动水平不甚理想,其中一个主要原因就是社区缺少儿童青少年活动的场地。此外,当前儿童青少年在日常生活中进行身体活动的机会也受到越来越多的限制,家长们对道路交通安全的担心剥夺了不少儿童青少年步行或骑行的自由,孩子们花费大量的闲暇时间用于玩游戏或看电视,加上参加各种课外辅导班和完成作业等学业上的压力挤掉了很多孩子进行体育运动和游戏的时间,这些情况导致儿童青少年的身体活动和体质水平的下降。

前文介绍的通过提升城市街道治理水平促进功利型身体活动和消遣型身体活动,儿童青少年同样会受益,比如增加了他们步行或骑行的空间和机会,但对孩子们来说,他们更需要的是家门口的游戏和运动场地。

4. 城市街道治理水平提升可以促进特殊人群的身体活动

对老弱病残孕等特殊人群来说,影响其身体活动的因素较普通人群更多,比如是否配备有无障碍设施、休闲座椅、公共卫生间等基础设施。充足、适宜的基础设施不仅是公众主动式出行的必要条件,公共卫生间、休息座椅等设施对许多老年人、婴幼儿、残障人士来说，可以说是他们外出时首先要考虑的因素。住建部《关于加强城市公共厕所建设和管理的意见》要求一般城市建成区每平方公里保有3～5座公厕，也就是步行300米左右就能找到1座公厕，并设置残障人士专用的通道及设施。通过在道路两侧及其他公共场所安装休闲座椅；在人员密集的学校、公园、广场、公交站台、体育场馆等区域配备公共饮水机，在路口、街边等醒目位置安装指示牌或引导图，清晰地标识出各种基础设施的位置，以方便公众就近选择使用。通过上述措施，提高街道的安全性、舒适性、便捷性和包容性，吸引特殊人群走出家门，在进行力所能及身体活动的同时促进社会交往，提高其身体活动和健康水平。

5. 城市街道治理水平提升可以改善城市人居环境

城市街道治理水平对提升和改善城市人居环境的作用主要体现在两个方面：一是减少了机动车出行；二是改善了城市环境。研究表明，交通运输业通过作用于气候变化也间接地影响着健康，其产生的二氧化碳排放占全球总排放量的25%，其中75%来自于道路交通。通过提升街道治理水平，创建一个支持主动式出行的街道网络，增加公众选择主动式出行方式的比例，将会大幅减少机动车造成的空气污染、噪声污染和温室气体排放，对城市环境和公众健康都大有裨益。

街道作为城市中占比最大的公共空间，不仅承载着城市的道路交通功能，也是展示城市形象、传承城市历史文脉的窗口和展现城市活力的主要渠道。通过城市街道治理水平的提升，优化街道环境、增加街道绿量、激发街道活力、完善街道设施、繁荣街道商业，让街道成为居民游乐赏玩、驻足休憩、文娱健身和休闲购物等活动的活力空间。同时，通过城市街道治理，提高城市韧性，助力海绵城市和绿色生态城市建设，逐步改善城市人居环境，发挥城市街道治理在促进居民身体活动和健康方面的积极作用。

6. 城市街道治理水平提升可以促进公众社会交往

当今社会，人们的生存压力和竞争压力日趋增大，与此同时社会交往和精神生活却日趋贫乏，现代化的生活方式、虚拟的网络世界，让很多人的身体和精神都处于亚健康状态。高楼大厦、高架、快速路虽展

示出现代化的城市图景，却拉大了人与人、心与心之间的距离，传统的街坊邻里、热闹的市井小巷，逐渐消失在快速城镇化的车轮之下，可供居民进行社会交往的公共空间日益萎缩。在一个单元住了几年的邻居可能只是"熟悉的陌生人"，忙碌紧张的工作生活让每个人的精神发条都绷得紧紧的，拥挤的电梯不是合适的交流空间，封闭的车内空间让人们成了"独行侠"，而拥堵的路况更造就了无数"路怒症患者"。这种紧张压抑的生活让人们更加向往大自然、渴望绿色开放空间，于是乎，周末、节假日到处都是自驾游的人群。这种生存或生活状态也从侧面反映出居民社交空间的不足和日常生活中社会交往的缺乏。

街道是开放的城市公共空间，通过城市街道治理，美化街道环境、繁荣街道商业、激发街道活力、完善街道设施，让街道成为家门口的广场、花园、集市等不同类型的公共空间，让街道生活丰富多彩，成为人们茶余饭后聚会、闲聊、休闲、游憩、购物之所，促进公众社会交往，提高心理健康水平和社会适应性。

（二）为有效促进居民身体活动和健康倒逼城市街道治理提质增效

世界卫生组织指出："身体活动不足已成为全球第四大死亡风险因素。"不同的国际组织和国家都在探索促进公众身体活动和健康的新方式和新途径，我国也在积极推进全民健身与全民健康的深度融合，例如促进"体医结合"和"健康入万策"，建立"运动促进健康"新模式。

街道在人们日常生活中扮演着重要的角色，人们每天通过街道去上班、上学、购物、就医、娱乐等，街道串联起人们的"生活圈""健身圈""娱乐圈"等，组成了人们的工作和生活网络。大量研究和实践证明，科学的城市和街道规划设计能够减少慢性非传染性疾病和道路交通伤害的发生，更广泛地促进人类的健康和福祉。

前文已探讨过城市街道治理与运动健康促进的内在联系，要推进城市街道的体育化利用，有效促进居民身体活动和健康，有必要从城市街道治理的提质增效入手。就当下而言，要从城市街道治理视域促进居民身体活动和健康，重点要做好以下几项工作：一是通过城市街道治理减少对机动车出行的依赖；二是通过城市街道治理减少久坐不动的行为；

三是通过城市街道治理减少路权的不平等；四是通过城市街道治理减少道路安全风险；五是通过城市街道治理减少碳排放、空气和噪音污染以及热岛效应。

1. 通过城市街道治理减少对机动车出行的依赖

过去，许多城市在政策制定、设施规划建设方面普遍存在重视小汽车交通、忽视步行与非机动车交通的倾向，因此形成了过度依赖小汽车出行的交通发展模式。这不仅阻碍了城市交通绿色低碳化发展，也加剧了城市的社会疏离、居民身体健康退化、驾驶者与步行者境遇不公的状况。随着可持续发展的理念与行动不断推进，通过各种途径抑制和削弱小汽车依赖程度成为了国内外许多交通规划的核心内容。但摆脱小汽车依赖绝非易事，不仅由城市空间结构、街道环境等客观环境造成的依赖难以克服，社会、政治、经济、心理层面等众多因素也进一步强化了这种依赖性。

对机动车出行的依赖得益于一种非政治性的决策环境。在这种环境中，支持汽车的决策被视为经济增长、现代化和发展的同义词。与其他出行方式相比，尤其在汽车成本降低后，汽车的速度、舒适性和便利性使它成为了最普遍的出行方式。同时，汽车满足了人们对自由的向往：不受时间地点的约束，随时可开启一段说走就走的旅行；也满足了对物质的追求：可以体现自己的财富和地位，吸引众人的目光，收获尊重和满足虚荣心。由此在很多国家和城市形成了独特的汽车文化。与汽车和石油的经济规模相比，步行和骑行相关的经济只是微小的，也是缺乏影响的，故在很多国家和城市，相较于对汽车和石油产业的支持力度，对主动式出行相关政策和财政支持则亟待加强。

近年来，从城市街道治理视域主动干预居民的身体活动和健康成为城市治理的新趋势，其中最核心的内容就是减少人们对机动车的依赖，选择主动式出行。街道治理理念从"车本位"向"人本位"转变，鼓励主动式出行，限制机动车交通出行等措施会在一定程度上减少机动车出行，但要想减少对机动车出行的依赖还要从政策、体制、文化、行为和习惯等多方面入手，多措并举、齐抓共管，形成治理合力，让更多居民在短途出行时选择主动式出行，实现经济效益、社会效益、环境效益、生态效益和健康效益的共赢局面。

2. 通过城市街道治理减少久坐不动行为

人类通过身体活动来生存延续了数百万年，生活在最后一个冰河时代的人们不得不成为能干的猎人和采集者，为了继续存活，他们每天奔跑、跳跃，耗费着大量的热量。显然。这不是现在的生存状况，如今的人们不必再为获得食物而奔跑，机动化出行成为许多人的主要交通方式，身体活动的时间不断减少，这种生活模式正在损害着我们的健康。

虽然现代医疗水平的进步减少了传染病的威胁，但很多国家的民众都面临着冠状动脉硬化、心脏病和糖尿病等非传染性疾病的威胁，这些疾病发病率的增加与社会发展和城市化所带来的生活方式、工作模式和出行方式等的改变有关。身体活动的角色在我们日常生活中发生了巨大变化。同时，与体力劳动有关的职业比例在下降，而坐在办公桌旁或其他地方久坐的工作占比则不断增加，休闲娱乐方式也从户外运动娱乐转向室内的各类游戏、刷手机等久坐不动的行为，日常的步行、骑行和爬楼梯等身体活动也因汽车和电梯的出现而减少。

久坐不动已成为一个社会问题和公共健康问题。抑制久坐不动行为必须从改变生活方式和出行方式入手。通过城市街道治理减少人们对机动化出行的依赖，增加主动式出行，此举一方面可以减少驾乘时静坐不动的时间，另一方面可以增加出行时的身体活动量。研究表明，增加日常身体活动量，即使是很小幅度的增长，也会带来健康收益。世界卫生组织发布的《世界卫生组织2018—2030年身体活动和健康全球行动计划：加强身体活动，造就健康世界》以及各国发布的有关城市规划和街道设计导则均把引导、鼓励居民步行和骑行作为重点。国内北京、深圳等城市也在建设步行自行车友好城市，不遗余力地创建"市民1公里内可便捷步行，3公里可便捷骑行抵达的步行友好型城市"，并取得了一定的成效："经过第三方机构评估，在完成慢行系统治理的路段上，非机动车平均小时流量提升了8%，非机动车运行速度提升了8%。"尽管不少城市都在不断加强慢行系统建设、改善步骑行环境，但民众购车、用车的意愿还非常强，同时，人们对主动式出行对个人和社会的益处以及久坐不动对健康的危害的认识还不到位，因此，加强身体活动、减少久坐行为仍任重而道远。

3. 通过城市街道治理减少路权的不平等

历史上，街道一直以来都是多种交通模式共同使用的空间，包括步行、马车、有轨电车，以及自行车。然而，不断增加的机动车导致驾驶者与这些既有的街道使用者的冲突加剧，且这种冲突经常被卷入关于安全、拥堵以及现代化的争论中。通过规范和重建街道以使机动车享有优先权来化解这些冲突，是所有汽车系统中重要的一环。然而，机动车驾驶者和汽车公司、石油公司已经获得了足够的政策支持和公众影响力，将汽车的问题转化为其他街道使用者的问题，解决办法也变成了将行人和其他街道使用者从机动车的街道上移除。因此，这一冲突的结果是对城市街道的"社会性重建"，使它们成为"主要供机动车使用的大道，仅在谨慎制定的限制条件下才对其他使用者开放"。

与此同时，城市街道"物理重建"进一步巩固了汽车在街道空间中的主导地位。几十年间发展出的行人设施（如斑马线、过街信号灯，以及行人地下通道）具有双重目标：一方面"使街道对行人而言更安全"；另一方面"让他们不要挡汽车的道"，并进而允许快速的车辆流动。第二个目标似乎占据上风，因为这些措施有时是临时制定的，并且缺乏关于对行人安全影响的证据，而实际上，有证据表明行人护栏可能对行人安全产生负面影响。

长此以往，这些街道设计元素和交通法规将根深蒂固并在全球范围内蔓延。社会和物理重建的过程将街道从对所有人开放的公共空间变成了汽车使用者的专属空间，从而使汽车成为满足人们需求的重要因素，同时使其他出行模式更难满足人们的需求。

汽车应享有街道空间的优先使用权这一假设一直延续至今，并使得其他交通模式的使用愈发困难。在此背景下，提倡使用其他交通模式需要从汽车使用者手中拿回路权，而这一过程可能会遭到公众和政治层面的反对，因为人们普遍认为这种做法会增加拥堵。纽约前交通局局长珍妮特·萨迪·汗（Janette Sadik Khan）女士将这一过程称为"抢街"，她把纽约街道治理改造的过程，写进了她的新书《抢街：大城市的重生之路》中。

城市街道治理从"车本位"向"人本位"转变的过程中最核心的内

容就是路权的再分配，小汽车出行比例只占出行总量的20%，但却占用了80%的街道资源。步行、骑行和公共交通出行相对小汽车出行都更为经济、绿色、低碳、健康、环保，并且在占用相同街道空间的所有出行方式中，小汽车出行的承载能力最低。小汽车出行还带来了更多的碳排放、空气污染、噪音污染、交通拥堵和公共健康问题。因此，城市街道治理需要重新分配行人、骑行者和驾驶者的路权，减少路权的不平等，体现公平与正义。2021年4月1日正式实施的北京市《步行和自行车交通环境规划设计标准》明确提出了城市街道应按步行、自行车、公共交通、小汽车的顺序分配路权。该地方标准强化保障了行人和自行车的独立路权和网络连续性，以及行人和自行车的过街路权，值得国内其他城市的学习和效仿。

4.通过城市街道治理减少道路安全风险

自从汽车诞生以来，这个随时可能致命的"武器"就始终围绕在我们身边了。与航空系统严格的监管相比，对汽车的监管相对来说松散许多。尽管随着汽车技术的不断发展，人们不断研制出各种汽车安全技术，并且随着这些技术的应用，人们似乎认为汽车已经变成一种安全的交通工具了。世界各地每年因为汽车事故导致的死亡人数和发生的事故统计数各不相同，但是就连交通安全专家们都忽略了日益增加的由于个人驾驶行为而导致的交通事故。交通事故一般会被视为道路使用者个人的行为错误，这意味着，每年成千上万的交通事故被认为不是系统故障引起的，而是个人的错误造成的。因此，大多数的交通安全措施，重点在于转变道路使用者的行为，而并非要求改变交通系统，如限制速度或其他措施。政治家和媒体建议为儿童和老年人进行更多的教育，呼吁进行更多需要父母陪伴的运动等。但是，事故真正的原因和交通系统潜在的问题在个性化过程中是隐蔽的、非政治化的。

事实上，绝大多数的行人、非机动车骑行者的死伤事故都是与机动车碰撞时发生的。在这种机动化的出行环境中，步行和骑行是相对不安全的，当然危险源是车辆而不是行人和骑行者本身。以车辆通行效率为导向的城市街道治理增加了公众对机动化出行的依赖，减少了公众选择主动式出行，意味着交通伤害事故潜在风险越高，可能带来更多的受伤甚至早逝。事实上，全球道路交通伤害事故导致的死亡数已超过了艾滋病、结核和疟疾的死亡数。预计到2030年,全球与道路交通伤害相关的伤残折损寿命数将会超过结核病和疟疾患病总数的十倍,且是艾滋病患病总数的两倍。主动式出行不仅能带来健康、经济和生态收益,也能创造更安全的出行环境。比如在以步行者为主体的环境中,对每个人来说都是安全的,因为在所有运输模式里这是最温和的,骑行者次之。

俗话说"十次事故九次快",造成严重交通伤害事故的根源就在于速度,所以很多国家都加强了对车辆通行速度的管控。当车辆以0~30公里/小时的速度撞上行人时,行人的死亡风险只有10%,但是当速度升到50公里/小时时,行人的死亡风险就接近90%。因此,不少城市引入了30公里/小时左右时速限速的措施。

除限速外,国外很多城市开展了减少道路安全风险的"零伤亡愿景"计划,具体措施包括:通过人行横道的改善,城区限速的降低,步行区、汽车与自行车、行人的分隔设施和路口狭化,增加街道照明,拓宽人行横道,减少车道宽度,增设自行车道,交通信号让行人先放行,交叉口保持90度的直角转弯,路口设置安全岛,以及其他交通稳静化等措施,并加强对超速、不让行人、酒后驾车等行为的执法力度和对交通工程师、交通规划师、警察、政府官员、市民进行行人安全培训以及严格的驾驶员培训教育等手段,逐步降低因交通事故造成的伤亡率,致力于达成零伤亡愿景。希望我国也能早日提出符合我国国情的零伤亡愿景计划。

交通出行,安全为本。正是出于对道路交通安全的担忧,很多人放弃了主动式出行,转而使用有各种主/被动安全装置的汽车出行,比如父母担心交通环境不安全选择开车送孩子去学校。这种现象一方面加剧了道路拥堵和事故的发生率,另一方面降低了居民主动式出行的比例,不利于促进居民的身体活动和健康。因此,城市街道治理水平的提升,安全性是首要考虑的因素。

5. 通过城市街道治理减少碳排放、空气和噪音污染、热岛效应

研究发现,私家车产生了28%~51%的温室气体及空气污染,造成了23%的水污染。在美国,平均每辆新车一年将产生2吨的碳化物,即7.3吨的二氧化碳。与此同时,私人汽车是最不节能的出行方式,自行车和步行才是城市交通中最节能、最环保和最健康的方式,而公共交通是

介于两者之间的出行方式。显然，城市交通形态向主动式出行方式导向转变可以得到很多益处。为方便机动车通行修建的大量柏油路成为城市热岛效应的主要根源。机动车出行所产生的碳排放、空气和噪音污染、热岛效应不仅影响着居民选择主动式出行，也造成城市人居环境的恶化，影响公众健康。

习近平总书记在2020年9月22日召开的联合国大会上表示，我国"二氧化碳排放力争于2030年前达到峰值，争取在2060年前实现碳中和"。在建设健康中国、美丽中国的背景下，必须加强城市街道治理以减少碳排放、空气噪音污染和热岛效应，助力美丽生态宜居城市建设。

第三章

功能探骊：城市街道的运动健康促进功能

城市街道治理是指以政府为中心的多元治理主体以构建安全、绿色、健康、活力、人文街道为治理目标，运用多样化手段对城市街道进行协同管理的过程和活动。这一概念的核心是通过民主协商、合作互助、协同治理，达成以"人民为中心"的治理目标，实现公共利益最大化，发挥城市街道治理在城市治理中的重要作用，践行"人民城市人民建、人民城市为人民"的初心和使命。运动健康促进则是通过体育锻炼和身体活动等手段，促使人们维护和改善自身健康、提高个人健康素养、促进健康行为习惯的过程，也包括改善社会、政治、经济、文化和自然环境，建立政策、立法、财政、组织和宣传等健康支持系统的行动。简而言之，运动健康促进是将身体活动干预与健康促进相结合的维护和改善健康的行为和过程。城市街道治理视域下的运动健康促进就是以政府为中心的多元治理主体以促进居民身体活动和健康为治理目标，运用多样化手段对城市街道进行协同治理的过程和活动。

本章从分析城市街道的功能入手，进一步厘清城市街道与运动健康促进之间的关系。首先，从生活方式和习惯层面、工作和生活环境层面、社会和社区网络层面、文化和环境条件层面分析了城市街道影响居民身体活动和健康的途径；随后，在探析城市街道交通、市政、经济、社会和文化等基本功能基础上，重点从健康三要素探讨了城市街道的运动健康促进功能；最后，阐析了不良城市街道治理所产生的交通事故、空气污染、噪音污染、缺乏运动、社会隔离和犯罪等对居民身体活动和健康的消极影响，以及良好城市街道治理从养成健康的生活方式、减缓肥胖危机、减少慢性病、舒缓心理压力、促进社会互动、改善街道安全水平和提升城市生态水平等方面对居民身体活动和健康所产生的积极影响，为后续研究城市街道治理视域下的运动健康促进提供了理论分析的基础和依据。

第一节　城市街道影响居民身体活动和健康的途径

街道是一种线性的公共空间，是城市中最重要的公共空间之一，主要承载交通、市政、经济、社会和文化等功能。"街道"是"街"与"道"的合称，"街"为街市，强调场所性，"道"为交通渠道，关注通行性。街道拥有三种属性，即基本的公共产品、重要的活动空间、独特的人文载体，是体现大众空间权利的直接载体和"以人为本"发展理念的核心舞台，孕育着公平、开放、共享的城市精神。人性化的街道能够显著增进出行安全、优化出行结构、提升城区活力，同时能够大幅提升街区公共服务水平。城市街道与居民的身体活动与其健康水平有着密切的联系，可以从生活方式和习惯层面、工作和生活环境层面、社会和社区网络层面、文化和环境条件层面影响居民的身体活动和健康看出。

一、生活方式和习惯层面

汽车作为近代最伟大的发明之一，对人类社会产生了深远的影响。车轮加速了社会进步和城市化的步伐，但也改变了人们的生活方式和习惯。几十年来，汽车逐渐成为街道的主角，故而城市街道的规划设计均以提高车辆通行效率为主，加上受现代主义城市规划理念影响，"摊大饼式"的城市发展，严格按照居住、工业、游憩和交通功能进行分区，加剧了职住分离现象，传统的步行和骑行方式式微，使公众逐步改变了传统的生活方式和生活习惯，从而影响到身体活动和健康水平。

研究表明，人们一旦购买了汽车，就突然打开了一系列的可能用途，包括长途旅行、运送重物，以及依赖汽车的休闲活动。拥有一辆汽车对个人的出行行为和思维模式会产生非常强烈的转变，很多人一旦拥有汽车，就不愿转向其他交通方式。但大部分的驾驶者并不知道对汽车的使用可能会产生不健康的生活方式，他们认为身体活动与交通出行是没有联系的，尽管他们可能经常驾驶汽车去进行体育锻炼。近些年来，以汽车通行效率为导向的城市街道治理策略让很多居民养成了依赖汽车

出行的生活方式和生活习惯。而对于那些没有汽车的居民，因职住分离造成的日常通勤距离较远，故而很多人选择电动自行车出行，这种出行方式同样不利于他们的身体活动和健康：一是减少了日常通勤时的身体活动量；二是电动自行车的交通事故发生率较高；三是长期在寒冷季节骑电动自行车增加了患关节炎的风险。

二、工作和生活环境层面

城市街道质量反映出的交通便捷、商业繁荣、文化活跃、绿化丰富、照明充足、噪音可控等因素直接或间接地影响着人们工作和生活环境的方便、安全、舒适、美观和安静程度等，甚至可能影响到人们居住地的选择，从而对身体活动和健康产生不同的影响。

街道连接着工作地和居住地，同样影响着工作和生活环境的质量。良好的街道环境会吸引公众选择主动式出行，让街道成为人们驻足、停留、交流、游憩和购物的生活场所，有利于促进居民的身体活动和健康。反之，缺少慢行专用通道和设施的街道会成为居民主动式出行的阻碍，人们很少在此驻足、停留、交流、游憩或购物，街道只是冰冷的汽车通道。同时，这样的街道会产生很多噪音和尾气污染，不利于居民的身体活动和健康。

三、社会和社区网络层面

城市街道是联系其他城市公共空间和实现城市功能的纽带。通过科学合理的城市和街道规划设计，可以营造出积极向上的城市街道氛围，形成良好的社会和社区网络，促进公众日常沟通交流，缓解心理压力、消除孤独，从而保持和改善健康状况。反之，在一个消极、彼此疏离甚至排斥的城市街道氛围中就难以形成积极的社会和社区网络，可能会引发相应的健康问题。

四、文化和环境条件层面

作为城市空间最主要的组成部分，城市街道可以影响到城市的政治、经济、社会、文化和环境治理进程，对城市的交通、商业、文化、社区、生态、空气和环境质量产生影响，从而可能影响到居民身体活动和健康状况。特别是当下汽车文化的盛行，造成很多人尽管知道选择主动式出行更为经济节能、更便捷也更合情合理，但最终人们还是会选择驾驶汽车出行。

街道文化和街道环境同样影响着居民的身体活动和健康。枯燥、单一的街道文化和混乱、无序的街道环境会对居民的身体活动和健康产生负面影响。在这样的环境下，街道仅是通行的通道，人们行色匆匆，没有互动交流，也没有街道生活，故而无法吸引居民选择主动式出行。而在文化丰富多彩、环境舒适优美的街道上，人们会主动到此进行休闲游憩、运动健身、娱乐购物、交流互动等公共活动，对居民的身心健康和社会适应性都有良好的促进作用。

第二节　城市街道的运动健康促进功能

一、城市街道的基本功能

城市街道是城市空间的关键要素之一，其构成了城市空间的基本框架。城市街道与城市功能也密切相关，不仅承载着城市的道路交通功能，也为各种基础设施提供了空间载体。同时，城市街道与居民的生活息息相关，它既是各种公共活动发生的重要场所，也是民众收获城市印象和寄托城市情思的主要对象。街道作为塑造城市形象的重要对象，是加强城市治理的重要切入点。

（一）交通功能

交通功能是城市街道最基本的功能，街道能够为城市居民通过各种出行方式进行日常通勤、休闲游憩活动、享受各种商业和公共服务以及为城市中的各行各业所需的客运服务、货运服务等提供了空间载体。

（二）市政功能

市政基础设施是指在城市区、镇（乡）规划建设范围内设置、基于政府责任和义务为居民提供有偿或无偿公共产品和服务的各种建筑物、构筑物、设备等。城市街道是城市公共交通设施、给水、排水、燃气、城市防洪、环境卫生及照明等市政基础设施的主要承载空间，为居民享受各种市政服务提供了空间保证。

（三）经济功能

城市街道质量的提升、公众主动式出行方式的增加，会增加商业行为发生的频率，并显著提升沿街商业地产的功能，促进本地经济繁荣。研究表明，步行能够显著提升沿街商业的活力和地产功能，例如纽约交通局将时代广场周边街道进行步行化改造后，底层商铺的租金一年内翻了一番，并首次进入全球十大零售商圈。

1. 促进经济繁荣

良好的城市街道不仅能够让社区更健康，也能让社区更繁荣。人们往往高估了开车购物的比例。一项布里斯托的研究显示：一条当地商业街的零售店将开车来购物的人群高估为41%，而实际上只有22%。有证据表明步行者比开车的人会多消费65%。故而在街道和步行空间进行投资能够产生更有竞争力的回报。在骑行和步行上每投资1美元，就能收到高达11.8美元的回报。增加了独立零售的数量和创业、就业的机会。纽约市交通局用销售税对街道改造项目进行了前后对比，数据显示，改造布鲁克林一座闲置的行人公园为周边的零售店增加了172%的销售额。

步行活动的增加也有利于生产力和创意思维的生长。研究显示，运动能够提高决策能力和思维的条理性。人们在运动后往往会有更好的记忆力和执行力，而缺乏身体运动会让人们每年减少一周的生产力。

2. 促进旅游业

街道是最好的城市游览途径，它增加了城市的可视性，让城市更容易被识别和记忆。每年跨国旅行的游客都会增长4300多万。在2011年，全世界的旅行收入超过1.2万亿美元。而城市的基础设施会直接影响到旅游业的发展。良好的城市街道能够促成愉悦的行走经历，目的地之间的短距离也增加了人们游历城市、享受当地商店、服务和景点的愉悦感。

3. 提升土地价值

土地和房地产价值也是城市吸引力的重要指标。城市街道能够通过创造安全的、可达的和宜居的环境来增加房地产的价值。街道的步行化能够让办公室租金每年每平方英尺增加9美元，零售店面租金增加7美元，住宅价值增加82美元，住宅租金增加300美元。

在美国，学术界使用了"步行分数"这一指标来表示步行范围内的便利设施，城市公共空间的步行分数每增加1分，住宅价值就增加700~3000美元不等。而在伦敦，一项300万英镑的包括人行道拓宽、行道树种植和街道光照改善等项目的投资，让当地的地产增加价值超过了950万英镑。

（四）社会功能

城市街道不仅连接着公众的日常工作、学习和其他生活场所，更是重要的公共空间，能够增进人际交流、活跃城市生活、提升城市活力，是城市建设增强公众获得感和幸福感的重要举措，对促进社会和谐稳定具有积极作用。

1. 保证社会公平

城市街道展现着社会的公平性。城市街道设计关注特殊群体的需要，设置无障碍通道，为每个人的出行提供空间和机会。步行作为人类最古老、最民主、可达性最高的免费出行方式，为那些不能或者不愿意开车的群体创造独立出行的可能性。

2. 加强公民意识

城市街道作为城市最重要的公共空间之一，公民的参与、监督、责任和规划意识都在日常的街道生活和交往中有所体现。合理的城市街道有助于加强公众间的联系，增加政治参与的程度，增强主人翁意识、责

任意识和监督意识。

3. 促进社会交流

正如马歇尔·伯曼所言："街道的主要目的是社交性，这赋予其特色，人们来到这里观察别人，也被别人观察，并且相互交流见解，没有任何不可告人的目的，没有贪欲和竞争，而目标最终在于活动本身……"城市街道是城市道路与沿线空间的合集，是城市活动的重要载体。

安全、舒适、充满活力、可达性高且多样化的城市街道提供了公众社会交往的机会和空间。丰富的街道生活在保证公众日常活动的同时，促进了人与人之间的交流，提升了城市的活力。

4. 提升城市包容性

城市街道规划设计和质量环境的改善能够减少公众对汽车出行的依赖，增强社会交往和融合，减少社会的分层和隔离。各种交通设施都可能产生物理或社会上的分隔，通过城市街道治理，减慢行车速度、完善慢行网络、改善慢行设施等能够提升街道乃至城市的包容性。

（五）文化功能

街道作为城市多元文化的界面，是城市形象塑造的主要对象，是展示城市魅力与形象的主要窗口，是传承城市历史文脉的主要阵地，是加强城市文化建设的主要渠道。

1. 提升城市形象

街道是展示城市形象的窗口，城市街道能够帮助城市塑造城市品牌和形象。简·雅各布斯说："当你想到一个城市时，你脑中出现的是什么？是街道。如果一个城市的街道看上去很有意思，那这个城市也会显得很有意思，如果一个城市的街道看上去很单调乏味，那么这个城市也会非常乏味单调。"

2. 传承城市文脉

街道不仅连接着城市的名胜古迹、文化景观和人文景观，更是展示和传承城市历史文脉的窗口，广场雕塑、街头艺术、街道家具和街道立面都在诉说着城市的历史文化故事。与此同时，城市街道能够吸引和支持各种文化艺术活动和行为。

3. 提升城市活力

城市活力是城市魅力和吸引力的一种表现形式，而城市街道则是展现城市活力的主要渠道。除正常通行外，能够让公众进行游憩赏玩、驻足坐倚、文娱健身和休闲购物等活动的城市街道无疑是具有活力的空间，这些街道串联起了老百姓的衣食住行、吃喝玩乐，汇聚而成的"人间烟火"正是城市的活力所在。

此外，城市街道在提高城市韧性、建设海绵城市、绿色生态城市和促进居民身体活动和健康等方面都有着积极的作用。

二、城市街道的运动健康促进功能

前文已分析了城市街道的基本功能，那么城市街道是否具有运动健康促进功能，是否会影响居民的身体活动和健康？毫无疑问，这两个问题的答案都是肯定的。本节在阐析城市街道影响身体活动和健康的途径的基础上探讨城市街道的运动健康促进功能，即城市街道促进居民身体活动和健康的功能。下文将从"健康的三要素"层面，即身体、心理和社会适应三个层面分析城市街道的运动健康促进功能。

（一）促进身体健康

身体活动和饮食都是影响身体健康的重要因素，城市街道促进居民身体健康主要体现在增加功利型身体活动、消遣型身体活动和改善饮食习惯三个方面。

1. 增加功利型身体活动

功利型身体活动是指为特定目的而被动进行的身体活动，比如日常通勤或体力劳动，功利型身体活动同样有益于健康。在国家卫计委发布的《中国公民健康素养——基本知识与技能（2015年版）》中倡导：

"成年人每日应当进行6000~10000步当量的身体活动,动则有益,贵在坚持。"

城市街道治理视域下运动健康促进的主要愿景就是通过城市街道治理提升公众主动式出行的比例,通过步、骑行通道和环境的建设和改善,吸引更多公众选择步行或骑行的出行方式,增加功利型身体活动,促进不同年龄段人群形成更为健康的生活方式,增加预期寿命,降低由缺乏运动引起的死亡风险。最新研究表明,主动式出行的健康收益甚至大于暴露在污染空气中的风险。

2. 增加消遣型身体活动

消遣型身体活动是指为锻炼身体而主动从事的身体活动,比如打球或跑步等。人们对于消遣型身体活动的选择很大程度上受到场地的可达程度和设施品质的影响。2015年11月国家体育总局发布的《2014年全民健身活动状况调查公报》显示:"20岁及以上人群经常参加的体育锻炼项目是健身走和跑步,分别占54.6%和12.4%,其他依次为小球类、广场舞和大球类。"2018年2月,浙江省体育局发布的《2017年浙江省全民健身活动状况数据报告》显示出类似的结果:居民最喜欢健步走和跑步,其次是广场舞和健身操。这说明当前我国很多民众日常健身活动对体育场地设施的依赖程度并不高。

而城市街道通过合理地治理,完全能够成为居民日常体育锻炼的理想场所。比如各类绿道和步行道的建设方便了公众进行健身走和跑步等活动,各种街头广场和立交桥下健身场地等则为公众进行各类消遣型身体活动提供了场地。

3. 改善饮食习惯

城市空间功能分区不合理,在用地功能混合度低下的情况下形成"办公和居住分离"的局面。大城市的通勤时间极长,上班族没有回家烹制午餐的条件,而在可达性较高的便利店或餐馆中,往往充斥着不健康的饮食选项:提供速食的餐馆占大多数,便利店内食品往往高油脂高热量,而水果、蔬菜、纤维的含量较少。

"消费者饮食环境"指人们日常可以获取的食品环境。学者们据此提出了"食品荒漠"的概念,用以描述食品选择匮乏的地区;超重、高血压、糖尿病在仅有小型便利店的街道发病率更高，削弱快餐与速食在城市食景中的主导地位、增加新鲜食品的获得渠道，是在张贴"减盐控油"的标语之外，推进居民健康饮食的更有效举措。基于此，2010年，美国联邦健康食品融资倡议（HFFI）融资4000万美元，在食品荒漠地区推行"农贸市场推进计划"，以扩大营养食品的供应。

在城市街道的开发上，应当积极鼓励设置售卖新鲜农副产品的杂货市场。在居民步行范围内和办公集中的工作区周边，设置提供丰富种类农副产品的市场，并且为之配备畅通的新鲜农产品物流货运通道，提高新鲜健康的饮食产品的可达性。

（二）促进心理健康

1. 通过街道绿化促进心理健康

"绿视率"指人视野中绿色所占的比率，1987年由日本的青木阳提出，是对城市绿化的立体效果的反映。街道绿视率的提高，有助于减轻视力疲劳、听觉疲劳，并促进脉搏和血压的稳定。当某一环境的绿视率低于15%时，人们便会明显感知到其中的人工痕迹。而若通过运用植物积极地定义城市街道的顶面和立面，当绿视率达到20%时，空间则会十分宜人舒适。

同时，合理的街道绿色植被不仅在景观上能够改善人们的视觉环境，还能够起到降噪的作用。营造安静友好的通勤环境是生活品质提升的必然要求，这离不开充足的自然绿化环境营造。例如纽约的高线公园，在全长2.4公里的废弃货运铁路上设计种植大量植物，构建了一个由沿线建筑物步行数米即可到达的公园，从视觉和嗅觉上给人丰富的自然感知体验。通过环境自然且极为易达的线性公园的建造，人们在穿行街道、上下班的途中得以有"休憩环境，新鲜空气，丰富绿化"的健康体验。

2. 通过城市街道人际交往促进心理健康

不同的城市街道界面营造完全不同的生活氛围和体验，边界所扮演的角色也可能是迥异的分割空间或者黏合空间。设计生硬的边界会将户

外生活分割得支离破碎。比如，一个沿街立面丰富的建筑，拥有柱廊、凹进或突出的入口、通向街道内部的过道和底层配置的咖啡馆等，这些元素均可能吸引人们驻足或放慢脚步，产生互动甚至走入其中。

宜人的城市街道有利于促进公众的社会交往。我国江南的廊棚、广东的骑楼、沿街外摆区都是建筑与城市空间过渡的优秀范例，有的甚至比建筑主体更具有开放性。以街道的边界黏合建筑内外、街区内外，能够带给人们丰富的生活体验，增加社会交往的可能。从老北京胡同巷口晒太阳闲谈的邻里到街头树下围坐下棋的人群，都在城市街道中享受着交往的乐趣。

可停留的沿街休憩空间包括独立的或结合花坛的座椅、多功能台阶等便捷实用的城市家具；由绿地、花架等景观小品围合而成的口袋公园，提供良好的通风以及充足的光线；吸引市民的街道景观美化带，营造具有安全感的可防卫空间，丰富街道的生活趣味，都能促进公众的社会交往并提升其心理健康水平。

（三）促进社会适应性

人是社会的人，人在社会上生存不可避免地要与社会打交道，去适应这个社会。所谓的社会适应能力是指"人为了在社会更好地生存而进行的心理上、生理上，以及行为上的各种适应性的改变，与社会达到和谐状态的一种执行适应能力"。托尔斯泰说："世界上只有两种人，一种是观望者，一种是行动者。大多数人都想改变这个世界，但没有人想改变自己。"

人要积极主动地适应社会、调整心态、提高应对挫折的能力，就要主动融入到日常的工作、学习和生活之中，街道是日常生活的空间场所，是故事发生的地方。故而安全、舒适、宜人的城市街道有利于构建个人的社会支持系统，提高人的社会适应性。

第三节　城市街道治理对居民身体活动和健康的影响

本章前两节分析了城市街道影响身体活动和健康的途径以及城市街

道的运动健康促进功能。本节在前文研究的基础上，重点探讨城市街道治理对身体活动和健康的影响，将从消极影响和积极影响两个方面分别探究不良城市街道治理和良好城市街道治理会对居民身体活动和健康产生什么样的影响。

一、不良城市街道治理对居民身体活动和健康的消极影响

（一）交通事故

不良的城市街道治理是交通事故发生的主要原因。交通事故所带来的健康风险也影响着那些主动选择绿色出行方式以及那些无能力选择小汽车出行的人们，其中包括低收入群体、青少年和老人。

以车辆通行效率为导向的城市街道治理增加了公众对机动化出行的依赖，影响了公众选择主动式出行的频率。虽然小汽车的销售通常是作为经济增长和现代化的一项指标，但对私家车依赖越多就意味着交通事故的潜在风险越高，可能给居民带来更多的受伤甚至早逝。事实上，全球道路交通伤害事故导致的死亡数已超过了艾滋病、结核和疟疾的死亡数。预计到2030年，全球与道路交通伤害相关的伤残和折损寿命数将会超过结核病和疟疾患病总数的十倍，且是艾滋病患病总数的两倍。

世界卫生组织指出："速度管理是拯救生命并使城市更加宜居的关键。"前世界卫生组织总干事陈冯富珍博士说："速度是全球道路交通伤害问题的核心。假如各国单是解决了这一重大风险，就会很快从更安全的道路中获得回报，无论是挽救的生命还是增加的步行和自行车骑行都是如此，还会对健康带来深远和持久的影响。"

（二）空气污染

不良的城市街道治理会增加公众暴露于空气污染中的程度和范围。而空气污染可能会引发儿童哮喘和喘息的发病率和患病率、气喘恶化、肺功能受损、心血管死亡率和发病率以及全因死亡率增加、住院和身体活动受限。1990—2010年，各种来源的颗粒物空气污染引起的全球疾病总数一直都保持稳定，约占伤残折损寿命指标的3%。但是，中低收入国

家的人们越来越担心，越来越多的人口集中、工业污染、固体燃料燃烧和前所未有的汽车保有量上升会引起日益严重的城市空气污染。

无论是高收入国家还是中低收入国家，机动车交通暴露是人们遭受空气污染的主要来源。居住在繁忙道路300米范围内的人们，长期暴露于较高水平的颗粒物、一氧化碳和氮氧化物污染之中。而中低收入国家的汽车通常比高收入国家的汽车更旧，这意味着这些国家会产生更多的污染物排放。

交通运输业通过影响气候变化也间接地影响着健康，其产生的二氧化碳排放占全球总排放量的25%，其中75%来自于道路交通。创建一个支持主动式出行的街道网络，以此增加公众选择主动式出行方式的比例，将会大幅减少机动车造成的空气污染、噪声污染和温室气体排放，对城市环境和公众健康都大有益处。

一般认为，包括步行和骑行在内的户外体育活动，会增加在空气污染中的暴露的时间。然而，事实上采用小汽车出行的人们受到空气污染的影响更大，小汽车中的空气污染暴露要比通过相同环境的骑行者所遭受得更高。另一项研究亦表明，骑行的健康收益要大于其空气污染暴露的健康风险。与此同时，可以采用将自行车道从机动车道中分离出来的方式来减少居民的交通污染暴露。

（三）噪音污染

不良的城市街道治理会增加机动车出行的比例从而更易产生噪音污染。长期的噪声暴露通过烦恼、睡眠障碍和慢性压力等途径影响着公众的身心健康，而道路交通噪声是全球环境噪音暴露最重要的来源。道路交通噪声会影响人们的身体健康状况，比如引发心血管疾病和高血压；噪声污染也会降低人们的生活质量，损害儿童的认知发展，伤害心理健康。

通过在远离繁忙路线的地方建设住宅、学校和其他服务设施，减少和减慢道路交通，增加绿化，使用降噪的路面铺设材料，以及设计更加吸音的房屋，将卧室和阳台的位置选在远离噪声源方向等规划与设计策略，将使噪声暴露对于健康的不利影响得到改善。

（四）社会疏离

不良的城市街道治理将加剧社会疏离。孤独和社会疏离与更为糟糕的心理健康、不良的健康行为（例如缺乏运动和吸烟）存在关联。社会疏离对过早死亡率的影响与其他确切的健康危险因素（如肥胖）相仿，社会疏离是一个重要的公共健康问题。

有证据表明，合理的城市和街道规划设计能够产生鼓励社会互动、增强社会凝聚力等效应，进而产生健康效益。但不良的街道和公共开放空间的设计，难以吸引居民逗留、休闲和互动。可达性低的多功能目的地会进一步减少步行出行概率，很难增进社会接触和团体意识。街道空间缺乏可供文化和非正式社交活动场所设施，不能增加居民的社会联系和归属感，会进一步加剧社会疏离的现象，影响居民身体活动和健康。

（五）犯罪恐惧感

不良的城市街道治理易诱发犯罪行为。对于那些认为自己身体易受犯罪攻击（例如女性和老年人）或经济上易受犯罪攻击的群体（如低收入人群）来说，犯罪带来的安全担忧和缺乏运动导致的肥胖程度增加之间的关联更加具有一致性。低收入群体可能暴露在更多的社区犯罪和骚乱之下，他们通常更害怕但往往别无选择只能步行，这在一定程度上有益于其身体健康，正负效应共同作用，也在一定程度上解释了有关研究结果的差异。此外，犯罪也与犯罪恐惧和心理健康相关。

鼓励街道上出现更多的"眼睛"，是预防和减少犯罪行为的一个重要方法，但其成效取决于这些"眼睛"是否被该区域的居民视为可接受的。城市街道的多样性和具有多个可达目的地和交通方式选择的社区能够鼓励步行，这样也可增强邻里自然监视，让人感到更加安全。

（六）缺乏运动和久坐不动

不良的城市街道治理会影响公众选择主动式出行的方式或在街道上

进行其他类型的身体活动，减少了公众进行身体活动的空间和机会，易出现身体活动不足的情况。增加了患心血管疾病和2型糖尿病等慢性病的风险并影响人们的心理健康，故而许多关于公共健康与城市街道规划设计的关联性研究都聚焦于公众的身体活动上。

步行和骑行具有交通和娱乐双重功效，并且可以减少人们对私家车的依赖。步行和骑行通常需要一定的基础设施，但这些投入与机动车相比要少很多。步行比骑行更常见，而且通常需要更少的技能、设备和基础设施。但骑行可以在更短的时间内到达更远的距离，从而减少了通勤时间，增加了人们对相关设施的使用率。创建街道网络连通模式、支持多功能用途和高密度开发的城市规划和设计，可以鼓励促进主动式出行的出行方式。

二、良好城市街道治理对居民身体活动和健康的积极影响

城市街道治理视域下的运动健康促进有利于公众养成健康的生活方式、减缓肥胖危机、减少慢性病、舒缓心理压力、促进社会互动、改善街道安全、减少空气污染和噪音污染、改善城市微气候、减少化石能源消耗、减少交通拥堵等，其最主要的价值在于增加公众主动式出行的比例，从而促进居民身体活动和健康、提升幸福感。

（一）养成健康的生活方式

良好的城市街道治理有利于提高公众选择步行和骑行等主动式出行方式的比例，促进不同年龄段人群形成更为健康的生活方式，以增加预期寿命，减少由缺乏运动引起的死亡风险。

（二）减缓肥胖危机

良好的街道治理可以增加居民功利型和消遣型身体活动，减缓肥胖危机。相较于机动车出行，步行和骑行不仅更为绿色、低碳、便捷和可负担，而且能够消耗更多的热量，减少肥胖的发生。研究表明，肥胖会使平均寿命减少3年，而每周有3天进行距离3公里的步行，每3周就可减

重1公斤，肥胖的概率会显著下降。

（三）减少慢性病

良好的城市街道治理有利于居民选择更加绿色、低碳、健康的出行方式，进而促进公众养成健康的生活方式，提高自身免疫力和抗病能力，逐步减少慢性病的发生。研究表明，主动式出行能够减少患中风、冠心病和结肠癌的风险并降低血压、血脂和脂肪水平，同时会增加骨骼韧性、肌肉力量、关节灵活性和协调性，降低摔倒的风险。

（四）舒缓心理压力

良好的街道环境能够舒缓心理压力，功利型和消遣型身体活动同样能够舒缓心理压力，降低焦虑和抑郁的水平，让公众的心理更为健康。相较于长时间、长距离的机动车通勤，短时间、短距离的主动式出行会让人感到更为幸福。主动式出行还会促使人体产生内啡肽以抵抗压力，同时提高睡眠质量和自信心。

（五）促进社会互动

良好的城市街道有利于增加公众的非正式交流和互动，步行环境的改善、街道业态的丰富、街道文化的展现、绿色植被的增加都会增加公众交流、观察、互动和分享的机会，促进社会互动，减少社会隔离。

（六）改善街道安全水平

良好的城市街道治理强调以人为本，倡导绿色出行，优先保证行人的路权，其次是骑行者，之后是公共汽车、私家车和货运车辆。有利于在不减少道路通行量的基础上减慢车行速度，降低交通事故的风险。

通过科学的城市街道治理同样可以提升街道安全水平。比如保证夜间照明、路面平坦、路权分配合理、交通标识清晰，以及交通稳静化、增加行人安全岛、缩短人行横道长度等。尽管传统观念认为人车分离有

利于安全率，但同时也提高了车速，增加了发生人车事故时对行人的伤害程度。同时，良好的城市街道会吸收更多的人在街道逗留、休憩，增加来自公众对街道的监控，能够减少犯罪，促进社会的和谐稳定。街道作为最基本的公共空间，当人们相信自己和他们都具有社会责任感和公德心的时候，街头的信任与监督体制自动形成，社会活动才得以正常开展，每位参与者都在无形中付出和获益，从而在保有个人自由的同时又不失安全感。

（七）提升城市生态水平

1. 减少化石能源消耗，减少碳排放

良好的城市街道治理不仅能够提高主动式出行的比例，减少机动车出行带来的化石能源消耗和碳排放量，通过使用清洁能源用于街道的照明和交通指示，或者利用科技装置回收步行、骑行的能量以转化为电能来达到节能减排的目的。

2. 减少空气污染和噪音污染

良好的城市街道治理一方面通过增加街道绿植吸收更多的二氧化碳并通过植物的折射、反射和吸收的方式来降低噪音，另一方面主动式出行的增加能够减少汽车尾气的排放和噪音的产生。

3. 改善城市微气候

良好的城市街道治理能够减少城市的热岛效应，街道绿化率的提高、人行道和非机动车道透水表层材料的应用，加上城市公园、绿地的增加，有利于促进海绵城市建设，改善城市微气候。

（八）降低经济成本

1. 减少拥堵成本

良好的城市街道治理有助于创造更佳的步行环境、发展公共交通，

能够减少拥堵成本，提供长期的交通解决方案。一项研究显示，2013—2030年，洛杉矶的拥堵成本会增加65%，巴黎也会增加60%。这就意味着美国驾驶者每年会浪费80亿个小时在交通拥堵上；而旧金山的公司因为员工被堵在路上一年可以损失20亿美元。

2. 节省建设和维护成本

良好的城市街道治理有利于节省建设和维护成本。相较于其他交通方式而言，步行几乎不需要设备或者高科技设施，故而可以节省设备维护的成本。而且减少汽车的使用也能最大程度上延长城市基础设施的寿命，并减少汽车交通所带来的其他负面影响，比如污染和对建筑立面的损坏，而这些影响往往会增加城市改造的公共支出。

城市道路需要不断地进行维护，而当汽车交通仍然是最主要的出行方式的时候，日常的道路维护对于城市经济尤为重要。以美国为例，在2020年之前，基础设施的维修和更新估计需要3.6万亿美元。与之相反，人行道的建设和维护则只需要极少的投入，长期来看可以极大减少基础设施的投资和维修成本。

第四章

现实写照：我国城市街道治理视域下的运动健康促进现状

城市街道治理视域下的运动健康促进是近年来的一个新兴话题，特别是2020年初暴发的新冠病毒疫情更把公共健康问题推向了风口浪尖。城市作为疫情暴发最集中的区域，如何提升城市应对重大公共卫生事件的能力成为各级政府和学界关注的焦点。但是，目前各界对通过城市街道治理促进居民身体活动和健康的认识和理解仍存偏差。尽管近年来国内不少城市都制定了《街道设计导则》，治理理念从"车本位"转向"人本位"，不断加强城市慢行系统建设，城市街道质量大幅提升，但治理的初衷主要是为了方便公众出行、缓解交通拥堵、治理空气污染和提升城市形象等，虽然最终也会在一定程度上达到促进居民身体活动和健康的效果，但相关的政策、法规和规范并不是基于运动健康促进来制定的，促进居民身体活动和健康只是执行过程中的"副产品"，所以最终的效果差强人意。国家卫计委2020年12月23日发布的《中国居民营养与慢性病状况报告（2020年）》显示，"我国居民不健康生活方式仍然普遍存在，超重肥胖问题不断凸显，慢性病患病/发病仍呈上升趋势"，这说明我国"以人民健康为中心"的城市街道治理仍有待加强。

遵循着"人民城市人民建、人民城市为人民"的初心和使命，以人民为中心、以人为本和人性化等理念逐步融入城市街道治理的全过程之中。传统的仅注重车辆通行效率的"车本位"思想逐渐退出了历史舞台，"人本位"成为当前城市街道治理的主流思想。上海、成都、昆明、深圳、南京、北京等城市先后出台了通过街道治理的顶层设计来提升城市魅力、激发城市活力、改善城市生态、促进社会交往、繁荣商业市场、保证交通安全和倡导绿色出行的街道设计导则。"以人为本""慢行优先"和"绿色发展"成为众多城市的共同选择，这些城市也根据其政治经济、历史文化、人文风情和气候地域等特点，发掘城市特色、打造城市品牌，营造美好人居环境，把城市街道作为提升城市幸福指数和宜居程度的关键。

通过城市街道治理促进居民身体活动和健康是践行新时代"以人民为中心"街道治理策略的重要手段和载体，前文已分析了城市街道治理与运动健康促进的关系，以及通过城市街道治理促进居民身体活动和健康的途径。虽然我国近年来城市街道治理视域下的运动健康促进较以往有了长足的进步，"以人为本""慢行优先"和"绿色发展"成为普遍共识，但仍存在很多不足，特别是在治理理念上尚未树立"大健康观"，"健康入万策"仍有待深入，这直接导致相关的政策法规、规划设计、建设管理和监督评价均存在一定局限性，比如相关政策法规和治理实践多以促进公众绿色出行为主。交通运输部和国家发展改革委2020年7月印发的《绿色出行创建行动方案》提出："到2022年，力争60%以上的创建城市绿色出行比例达到70%以上。"但公交车和电动自行车等绿色出行方式对居民身体活动和健康的促进作用有限，此问题不在本研究的范围之内。主动式出行（主要指步行和骑行）成为当前我国在城市街道治理层面促进居民身体活动和健康最主要的手段，其他有关城市街道健身功能的开发以及城市街道的体育化利用等在理论与实践中的研究和案例并不多见，故本章在分析我国城市街道治理视域下的运动健康促进现状时，以主动式出行方式——步行和骑行作为切入点。

第一节 我国城市街道治理视域下的运动健康促进的进展与不足

本节将从城市街道治理的理念、制度、规划、设计、建设、管理、监督和评价等视角展开研究，分析我国城市街道治理视域下的运动健康促进的进展与不足，并总结梳理我国部分城市街道治理视域下的运动健康促进经验，为后续提出城市街道治理视域下的建立运动促进健康新模式的路径提供理论和实证参考。

一、"以人为本"渐入人心，但"大健康观"有待加强

（一）"以人为本"渐入人心

长期以来，我国的城市街道治理以车辆通行效率为导向，街道设计以车为本，忽视了对公众健康的关照，由此带来了交通拥堵、资源枯

竭、空气污染、人居环境恶化和身体活动不足等诸多问题。城市中的人们似乎也习惯了出门坐汽车、上楼坐电梯的生活，由此造成久坐不动、肥胖等"城市文明病"。随着我国城市从粗放型发展转向精细化、高质量发展，从城市"管理"走向城市"治理"，城市和街道的治理水平大幅提升。

习近平总书记曾多次提到"人民城市人民建、人民城市为人民"。可见，党和政府对城市建设以人为本这一理念的高度重视。2016年2月，《中共中央 国务院关于进一步加强城市规划建设管理工作的若干意见》（以下简称《若干意见》）颁布，勾画了"十三五"时期乃至更长时间内中国城市发展的"路线图"。《若干意见》提出要"加强自行车道和步行道系统建设，倡导绿色出行……合理规划建设广场、公园、步行道等公共活动空间，方便居民文体活动"等指导性意见。在快速城镇化的进程中，原有的街道建设模式与公众实际需求之间的矛盾日益凸显：比起宽阔的车道，居民们更加关切街道的质量和品质，更加追求舒适而丰富的街道生活。同时，随着近年来西方街道设计导则的引入，社会各界对回归"人性化"的街道基本达成共识。

2016年10月，国内首个街道设计导则——《上海市街道设计导则》（以下简称《导则》）颁布。《导则》全面归纳与明确了街道在城市交通、市民生活与城市发展等方面的职能与作用，并从理念、方法、技术、评价四个方面推动从"道路"到"街道"的转型发展，提出街道治理理念由"主要重视机动车交通"转向"全面关注人的流通和生活方式"。2020年7月发布的《北京街道更新治理城市设计导则》明确提出北京城市街道治理理念要从"以车优先"转变为"以人优先"、从道路红线管控转变为城市街道整体管控、从部门条块管理转变为协同共治。北京市城市规划设计研究院于2021年5月开展了《促进人人健康的北京城市开放空间规划研究》，在深入分析开放空间概念和健康促进作用的基础上，广泛借鉴国内外优秀实践案例和规划政策标准，建立了健康促进视角下的城市开放空间评估与规划技术路径，针对性提出满足居民健康需求的对策建议：一方面要扭转观念，将促进居民健康作为引导城市开放空间规划建设的重要指导思想；另一方面要加大政府投入，将不同部门的政策整合起来，形成协同效应，认真应对居民不断发展的健康需求。

这些转变有效促进了城市街道规划、设计和管理等理念的转变，对促进主动式出行、提升街道的公共空间属性、促进公众的社交交往、提升居民的归属感和获得感等方面具有积极的意义，在一定程度上实现了通过城市街道治理促进居民身体活动和健康的目标。

（二）"大健康观"有待加强

尽管《"健康中国2030"规划纲要》提出了"共建共享、全民健康"的战略主题，"大健康观""大体育观"也渐被社会各界所接受，但相关政策在具体实施中仍以卫生健康部门和体育部门为主，其他一些关键部门比如城市规划和交通等部门对居民的身体活动和健康的关注程度有限，未发挥好应有的作用。造成这种现象的主要原因在于理念层面：一是卫生健康部门和体育部门仍按照传统的工作模式在传统领域开展工作，因此各部门虽有合作的意愿，但未形成有效的合作机制；二是尚未形成从城市和街道规划设计层面促进居民身体活动和健康的理念，未从顶层设计出发统筹考虑如何促进居民的身心健康水平。未充分贯彻"把健康融入所有政策"的要求，更注重规划设计的经济效益、社会效益、环境效益和生态效益等，而对城市和交通的规划设计是否有利于促进居民的身体活动和健康，是否能为民众日常进行各种身体活动提供空间保障、促进公众的心理健康和社会适应性往往不是其主要的考量因素，故不利于从城市街道治理视域促进居民身体活动和健康，"大健康观"有待加强。

（三）运动健康促进的治理理念有待更新

当国内诸多城市正埋头加宽道路、修建高架让车跑得更快的时候，西方许多城市却主动给机动车道"瘦身"、扩大禁行区，采用交通稳静化、共享街道等措施，积极把街道还给行人。因为"人"才是城市和街道的主角，"为人"是城市和街道存在的价值，"有人"的城市和街道才会充满活力。对我国来说，要达成通过城市街道治理促进居民身体活动和健康的治理目标，治理理念的更新是当务之急。结合国内外的经验和我国的现实语境，城市街道治理视域下的运动健康促进要树立以人为本、健康促进、集约高效、绿色发展、统筹推进和高层推动等理念。

二、制度体系日趋完善，但相关制度执行欠佳

（一）制度体系日趋完善

随着我国城镇化进程的不断加快，人民生活水平日益提高，民众追求高质量现代生活的强烈意愿与自然资源供给能力、生态环境承载能力间的矛盾，以及民众在教育、文化、体育、医疗及养老等方面不断增长的多元化需求与基本公共服务供给不足之间的矛盾日益尖锐，城市可持续发展面临严峻挑战。对城市街道而言，一方面城市交通拥堵、空气污染和噪音污染等问题日益凸显，另一方面居民的健康意识和健身需求不断增长，人性化的慢行空间极度匮乏。为应对这些问题，从中央到地方都出台了一系列的法规、指南和规范性文件，旨在改善和提升城市街道品质，以引导促进公众主动式出行。

国家层面，住建部在2012年牵头印发了《关于城市步行和自行车交通系统建设的指导意见》和《城市步行和自行车交通系统规划设计导则》等指导性文件；2016年2月《中共中央 国务院关于进一步加强城市规划建设管理工作的若干意见》为城市未来的发展指明了方向；而同年10月印发《"健康中国2030"规划纲要》则为"把健康融入所有政策，全方位、全周期保障人民健康"明确了总体战略和推进路径；2018年《中共中央 国务院关于全面加强生态环境保护坚决打好污染防治攻坚战的意见》和《国务院关于印发打赢蓝天保卫战三年行动计划的通知》的印发，则从保护生态环境视角，倡导绿色低碳生活方式。上述文件从不同角度，共同促进公众选择绿色健康的生活方式，养成健康的生活习惯。

地方层面，我国许多省市都出台了针对完善城市慢行系统的规划文件和政策指南，特别是不少一线和二线城市近年来愈发重视慢行环境的改善。除北上广深外，重庆、南京、成都、郑州等城市都相继出台了慢行环境建设的技术导则，对街道的规划、设计、建设和管理的全过程提供指导。比如北京在2020年先后颁布了《北京街道更新治理城市设计导则》和北京市《步行和自行车交通环境规划设计标准》，在2021年又发布了《北京市慢行系统规划（2020—2035年）》（草案）。2018年4月发布的《河北雄安新区规划纲要》提出："新区起步区绿色交通出行

比例达到90%的目标，倡导'公交+自行车+步行'的低碳出行模式，按照'窄路密网小街区、慢行优先'的理念布局道路网络。"《河北雄安新区规划纲要》是对传统以车为本街道规划设计实践的质疑、纠偏和回应，同时也是向很多城市奉行的"大街区、宽马路"宣战。

上述从中央到地方颁布的法规、指南和规范性文件，不断构建我国促进公众主动式出行的制度体系且日趋完善和全面，较好地指导和推进了各省市慢行系统的建设，改善了城市街道的质量，促进了公众选择主动式出行，为从城市街道治理视域促进居民身体活动和健康奠定了较好的基础，并且取得了一定的成效。

（二）相关制度执行欠佳

尽管以上政策文件为城市街道治理视域下的运动健康促进提供了政策依据，但这些政策文件普遍缺乏必要的实施细则，大多仅在宏观上进行政策性的引导，此举虽增加了政策执行的灵活性，但同时也加大了政策执行的难度；不同部门在制定相关的政策时虽各有侧重，但未形成有效的政策合力，政策的连贯性和一致性有限。这些政策多是各种"意见""指南"和"导则"的形式，以鼓励和倡导为重，约束力不足，不易发挥实际功效，违规的成本低，守规的收益少，造成政策的执行情况不佳。比如2016年颁布的《关于进一步加强城市规划建设管理工作的若干意见》是我国城市规划领域的纲要性文件，提出了"新建住宅要推广街区制，原则上不再建设封闭住宅小区。已建成的住宅小区和单位大院要逐步打开，实现内部道路公共化，解决交通路网布局问题，促进土地节约利用。树立'窄马路、密路网'的城市道路布局理念"。但在实际实施中，不管是"街区制"还是"密路网"都面临执行滞阻的困境。

此外，城市街道的治理是一项复杂的系统工程，涉及城市规划、国土资源、交通规划管理，以及市政管理、交警、园林绿化、街道社区等多个部门，因此需要在城市决策层面成立相关的领导小组，以协调统筹推进有关工作，但目前该领导机构阙如。加上对政策的学习宣传不到位，政策执行存在"上热中温下冷"现象，缺少政府分管领导和相关部门主要领导的强力推介，统筹推进城市街道的治理，导致城市街道治理的零散化和碎片化，成效欠佳。一个典型的表现就是各部门"各自

为政",缺乏管理的统筹性和一致性,街道上修路、挖沟、种树各干各的,打的、开店、停车各管各的,治理效能不高,不利于从城市街道层面促进居民身体活动和健康。

(三)运动健康促进的制度建设有待加强

伦敦和纽约等西方发达城市均制定了一系列促进居民身体活动和健康的相互促进、相辅相成的政策法规、行动计划和设计指南,并取得了较好的成效。我国从中央到地方近年来也出台了一系列的法规、指南和规范性文件,以改善和提升城市街道品质,引导和促进公众选择绿色低碳出行方式,特别是步行和骑行。但相关制度的连续性、针对性和系统性不强,尚未形成相辅相成、相互促进的制度合力。特别是体育部门和卫生健康部门在城市街道治理方面的话语权几近于无,并且未充分意识到城市街道治理对促进居民身体活动和健康的积极意义,相关制度阙如。《世界卫生组织2018—2030年身体活动和健康全球行动计划:加强身体活动,造就健康世界》,以及英格兰体育理事会和公共健康理事会联合发布的《活力城市设计》(2015)等都把城市街道治理作为促进居民身体活动和健康的重要途径,除大力倡导主动式出行外,还着力激发街道的公共空间、绿色空间、交往空间和健身空间等功能,让街道成为居民休闲游憩、购物娱乐和运动健身等活动的场所。我国在此领域的制度建设还有待加强,特别是体育和卫生健康部门要拓宽促进居民身体活动和健康的视域,借鉴国外优秀的经验和做法,在城市和街道规划设计层面寻求运动健康促进新的突破口,研制出台相应的政策文件,在"体医融合"的基础上,进一步推动健康关口前移,探索建立具有中国特色的运动促进健康新模式。

三、顶层设计日臻科学,但"贪大求阔"影响依旧

(一)顶层设计日臻科学

作为城市街道治理的顶层设计,各地在制定城市街道规划时更加注重系统性、科学性和前瞻性,以"五大发展理念"为指引,将街道规划

纳入城市总体规划之中，通盘考虑、合理布局，融入"健康街道""完整街道"等相关规划设计理念和技术标准，重塑高品质的城市街道。比如2017年发布的《北京城市总体规划（2016—2035年）》中的第67条"优化城市公共空间，提升城市魅力与活力"就将塑造高品质的城市街道作为重点，通过街道建立连接公共服务设施网络，不断加强城市绿道建设，逐步打通封闭街区，加强步行道建设，拆墙透绿，提升公园绿地的可达性，有效连通各种公共空间，建立起完善的公共空间体系，营造环境宜人、生活便利、景观优美、文化丰富的城市公共空间。

同时，按照城市街道的功能类型进行精细化治理。比如北京除交通性街道外，还根据街道特点分为历史街区街道、生活性街道和综合性街道，并着力打造特色街道。上海则将街道分为交通性街道、商业性街道、生活服务性街道、景观休闲性街道和综合性街道五种类型，并对道路的分级进行了补充。

当前，国内城市在规划时都非常注重提升城市街道环境的品质。通过沿街建筑控制、街道断面优化、街道景观美化、街道设施改造、规范停车行为和加强街道绿化等措施，进一步改善街道肌理、提升街道品质，营造安全舒适的街道环境、赏心悦目的街道景观和生动美好的街道氛围。让城市街道不仅成为展示城市形象的窗口，更是公众日常生活服务的人性化空间，吸引公众选择主动式出行并进行各种日常生活中的聊天、驻足、购物、娱乐、健身等活动，实现从城市街道治理视域促进居民的身体活动和健康。

（二）"贪大求阔"影响依旧

受我国传统城市规划"贪大求阔"思想的影响，"大街区、宽马路、大广场"模式在各地还广泛存在。这种现象在老城区属于"单位大院"的遗留问题，但在新城新区建设中仍大量存在。国家在2016年颁布的《关于进一步加强城市规划建设管理工作的若干意见》中就提出了树立"窄马路、密路网"的城市道路布局理念，但在实际规划中"小街区、密路网"仍未成为主流，因此很多城市形成了不利于主动式出行的街道布局和环境。俗话说"宽街无闹市"，这些"大街区、宽马路"也降低了城市和街道的活力，为城市居民的生活带来了可达性低、过街困

难和公交覆盖率低等问题，这也是产生"中国式"过马路现象的一个主要原因。作为新城市主义代表人物的彼得·卡尔索普（Peter Calthorpe）认为尽管"超大街区"能有效地增加机动车流动性，但同时牺牲了行人和自行车交通的舒适性和安全性，因此中国的城市规划应慎重对待"贪大求阔"的思想。

国际上很多发达城市都是"小街区、密路网"的模式，宽马路的较少。而"小街区、密路网"往往与紧凑的城市用地布局相伴而生，较高的路网密度加上适中的道路面积率，使这些城市形成了较为细密的城市肌理，有利于公众步行或骑行。

相对于国际经验，我国在过去30多年的城市道路规划中重视尺度却忽视了密度，造成道路的体量越来越大、道路长度的增长速度甚至追不上道路面积的增速的局面。20世纪80年代，我国道路的面积和长度仍处于慢速增长阶段，但到了1993年之后，道路面积和长度不断攀升，并且道路面积的增速普遍比道路长度的增速要快。

高密度的小尺度街道超越分布稀疏的大尺度街道背后的一个关键因素是：当街道的尺度越大其功效会相应地降低，因此随着街道尺度的扩张，其空间功效不但没上升反而会碰到开发规模不足的问题。连通性强的街道路网同样是解决交通拥堵的良药。而对行人来说，相同的直线距离，一定是小尺度街区的实际距离更近。

国内外的大量实践证明："窄马路、密路网、开放街区"并不会造成交通拥堵，也不会降低安全性。但目前，我国很多城市在道路规划中仍然存在"贪大求阔"的思想。比如合肥市长江路作为合肥的第一街，过去是一条人气很旺的街道，但是为提高机动车通行能力，对长江路进行了拓宽，取消了机动车和非机动车之间的隔离带，步行和自行车通行空间占道路断面的比例大幅降低。改造之后的路段人气明显下降，附近居民的主动式出行明显减少。可见，这种"贪大求阔"思想的影响在我国很多城市广泛存在，不利于从城市街道治理视域促进居民的身体活动和健康。

（三）运动健康促进的规划理念待完善

尽管我国大部分城市已将城市街道规划纳入城市的总体规划之中，

比如武汉市提出按照立足于总规、土规和交规"三规同步、交规先行"的思路，整体推进武汉的城市规划、国土空间规划和交通规划，全面统筹交通与用地的和谐发展，将城市街道治理中人行道、非机动车道、车行道、行道树、沿街商店以及沿街的广场绿地、座椅等城市街道要素"一锅烩"，以达到最佳的城市街道治理效果。但在城市规划时要考虑的首要因素还是经济效益、社会效益和生态效益，健康效益并不是主要的考量因素。因此，必须扭转这种片面的规划理念，融入"以人为本、健康促进"的理念，才能更好地实现从城市街道治理视域促进居民的身体活动和健康的治理目标。如何平衡城市街道治理的健康效益与经济效益、社会效益和生态效益的关系成为我国下一阶段城市街道治理的重点和难点。

四、技术标准日趋完备，但设计细节亟待规范

（一）技术标准日趋完备

国家层面，住建部在2012年牵头印发了《关于城市步行和自行车交通系统建设的指导意见》和《城市步行和自行车交通系统规划设计导则》等指导性文件。2018年10月，住建部发布了《步行和自行车交通系统规划设计标准（征求意见稿）》，以科学合理利用城市街道，改善步行和骑行的出行环境，为我国城市步行和骑行交通系统建设提供指导，但目前尚未发布。自2016年《上海市街道设计导则》发布以来，北京、重庆、南京、广州、昆明、郑州和株洲等城市陆续出台结合自身城市特点编制而成的街道设计导则，以人性化的设计理念为引领，吸收国内外的成功经验，提出街道的设计方法、技术规范和评价办法等。

2020年11月，北京市规划和自然资源委员会发布了我国首部步行和自行车交通方面的技术标准——北京市《步行和自行车交通环境规划设计标准》（以下简称《标准》），并于2021年4月1日起正式实施。《标准》明确提出了"人民至上，安全至上"的理念，包括总则、术语、基本规定、道路网与道路横断面、步行交通、自行车交通、道路绿化、老城步行和自行车交通、设计文件编制深度等九部分内容。全面保障全龄行人和自行车出行的全天候安全。该《标准》对行人和自行车路权的保

障力度可以说是前所未有的,既有路段区间的路权保障,也有路口范围的路权保障。《标准》重新确立了步行和自行车优先的城市街道功能分配原则,即城市街道应按步行、自行车、公共交通、小汽车的顺序分配路权。强化保障了行人和自行车的独立路权和网络连续性以及行人和自行车的过街路权,全面提升行人和自行车出行环境的舒适性,塑造高品质的街道景观和生态效应。对我国其他城市步行和自行车交通相关标准的制订,以及步行和自行车交通相关设施的规划建设具有借鉴意义,对促进主动式出行、从街道设计层面促进居民的身体活动和健康具有积极的意义。

(二)设计细节亟待规范

尽管国家和地方都出台了很多街道设计相关标准,但仍有不少地方在街道设计细节上存在一些过时甚至错误的做法,比如很多城市在人行道和非机动车道时仍在采用"人非共板"模式。

"人非共板"是指人行道和非机动车道在一个平面上,即在竖向上没有高差。目前国内一些城市由于空间条件的限制不得不采用这种形式,也有一些城市在道路规划建设之初即使道路空间很充足也采用这种形式。殊不知,住建部已经多次对此进行过明确要求:早在2012年,住建部与国家发改委、财政部联合发布的《关于加强城市步行和自行车交通系统建设的指导意见》中就明确规定自行车道原则上应尽可能避免与步行道共板设置。此外,住建部在2020年初出台的《住房和城乡建设部关于开展人行道净化和自行车专用道建设工作的意见》中也明确要求:尽量避免人行道与非机动车道共板设置,确需共板设置的,要采取安全隔离措施,防止行人和非机动车出行冲突。

行人和自行车更容易产生相互干扰,若不能实现空间分离,更容易扰乱交通秩序。但近年来,国内一些城市或地区在新区的道路规划或既有道路改造中,对"人非共板"形式不仅没有采取慎重的态度,反而将其作为亮点。本研究认为,如果这些道路上的自行车、行人流量均较小,那么"人非共板"形式暴露出来的问题可能不突出(即使这样,采用这种形式的好处是什么似乎也并不明确,或者难以让人信服),但如果行人和自行车流量均较大,或者二者中有一方较大,那么这种形式就会出现很大弊端，基本难以同时保障行人和自行车的通行路权。

再比如"交叉口的渠化岛"。设置渠化岛的交叉口也叫岛式交叉口，是指在交叉口的四个象限分别设置交通岛的交叉口。过去通常认为，大型交叉口（如立交桥区的大型平面交叉口或因其他原因形成的大型交叉口）存在行人过街距离太长，机动化交通流线不好组织等问题，有必要采用渠化岛形式。但近年来，不少城市出现了非大型交叉口也采用渠化岛形式，并且有愈演愈烈之势。不可否认的是，渠化岛形式曾经在规范交叉口处机动车的通行秩序和提高车辆通行效率上起到积极作用。但随着城市行人和自行车流量的日益增长，以及步行和自行车友好城市发展目标的确立，渠化岛形式的弊端逐渐凸显出来。

这种做法违反了《中华人民共和国道路交通安全法》中第三十六条规定："机动车、非机动车、行人实行分道通行。""分道通行"既包括路段，也包括交叉口。而设岛交叉口违反了这个原则，将原本在路段已经实现分道行驶的行人和自行车交通，又使其重新在交叉口混合行驶（即使在通行空间上有所分离，但根本无法避免混合行驶、相互占用），无法保障行人和自行车的人身安全。同时在斑马线上骑自行车，也违反了该法第七十条的要求："驾驶自行车、电动自行车、三轮车在路段上横过机动车道，应当下车推行，有人行横道或者行人过街设施的，应当从人行横道或者行人过街设施通过。"即自行车、电动自行车、三轮车走在斑马线上要下车推行。设岛后，步行和自行车交通条件均恶化，受益的只有机动车交通（有些交叉口甚至机动车交通也未受益），属于机动车交通优先，不符合慢行优先的原则。

渠化岛形式需要采用大转角半径，因此大幅增加了行人过街的总距离和总时间。同时由于采用了大半径，右转车辆速度较高，过街行人安全感差、事故致死致伤率高；由于行人和自行车流量均很大，交通岛上行人和自行车等候空间往往不足（如果想让等候空间充足，就需要进一步扩大交叉口），等候人群往往溢出进入机动车道，交通安全性低；行人和自行车过街时普遍混行，相互干扰、秩序混乱，难以实现理想中的人车分离；过街行人进出交通岛没有信号控制，与右转车辆直接冲突，一方面行人安全没有保障，另一方面右转机动车速度也难以提升；设岛交叉口占地面积大，不符合节约用地原则；交通岛等候区一般没有树荫遮蔽，行人和自行车容易被暴晒。以上所有弊端和问题，在非渠化岛交

叉口是不存在的，因此，对大多数城市的交叉口而言没有理由、没有必要、更不适合采用渠化岛交叉口。

基于上述原因，《标准》明确规定："城市道路平面交叉口不应设置右转渠化岛，已设置的应取消，并应按照本标准的规定缩小路缘石转角半径，缩小交叉口范围，方便行人和自行车过街。"同时，《标准》要求："快速路高架桥下交叉口和主干路、次干路的平面交叉口应设置自行车过街引导线，引导线应为两条白色虚线，并应设置自行车标志和骑行方向箭头。"这样的交叉口既简洁明了，又经济实用，很好地实现了行人和自行车过街路权独立，分道通行。

（三）运动健康促进的街道设计待统一

以上类似的不合时宜的街道设计在很多城市中仍普遍存在，亟待更新、纠正和统一。这些设计在增加机动车与行人、非机动车以及非机动车与行人间发生冲突可能性的同时，却降低了行人过街的便捷性和舒适性，不利于居民选择主动式出行。在城市街道中还普遍存在的栏杆问题。设置栏杆的初衷是为了明晰行人、非机动车和机动车的路权，彼此分割，互不影响。但这些栏杆不仅给行人和非机车的过街造成了不便，也变相提高了机动车的通行速度，使驾驶人对行人的注意力减少，增加了发生道路交通事故时的伤害程度，并产生了更多的污染、噪声，也更加危险，这进一步损害了人们在工作、生活或者步行中的健康。我们在抱怨行人乱穿马路、闯红灯的时候，是不是也该思考一下这些问题产生的原因是否与街道设计不合理、斑马线设置的间距过大、红灯的设置时间过长或是红绿灯智能程度不够有关？

设计体现细节、细节决定成败。城市街道治理视域下的运动健康促进在设计上不能"掉链子"。国家层面出台相应的设计标准和规范供各地执行和参考，地方也可因地制宜地出台各自的街道设计导则，以人性化的尺度设计街道，营造有利于居民主动式出行的街道环境，创造丰富多元的街道元素和多姿多彩的街道生活。

在斯堪的纳维亚，有一句古老的谚语："人往人处走。"有趣的街道会吸引人们前往、逗留、游憩。伦敦提出的健康街道的10项标准之一就是"可观看、可赏玩"。通过城市街道治理，可以为行人和骑行者提供充足的出行空间和舒适的社交空间，可以为锻炼者提供就近的运动场所，可以为居民创建家门口的绿色空间，让街道重新成为聚集和社交的场所，成为故事发生的地方，成为理想的运动场所，成为宜人的绿色开放空间，弥补城市居民社交空间、健身空间和绿色空间不足的情况，实现从城市街道治理视域促进居民的身体活动和健康。

五、科技赋能、时效提升，但粗放施工、人文失位

（一）科技赋能、时效提升

随着现代科学技术在工程机械领域的应用，各种新型的施工机械广泛应用于道路的施工建设，大大提升了道路施工的时效，以往需要数月才能完成的路面翻新施工，现在一晚上就能完成数公里的破损路面清理和沥青路面铺设工作，一夜工夫道路"旧貌换新颜"。各种修路机、架桥机、盾构机上天入地、铺路架桥，为我国在全球赢得了"基建狂魔"的称号，同时也反映出我国在城市基础设施建设领域的强劲实力，"中国制造""中国速度"进一步加速了我国城镇化的步伐，同样加速了城市街道的建设和更新速度。

基于保障安全、节约资源和保护环境的原则，大量新型的路面材料、街道家具、交通信号装置、标识和照明设施等得以应用，不仅提高了施工效率、节约了能耗、减小了道路施工对居民出行的影响，更方便了后期的管理和维护，降低了使用和维护成本，营造出宜人的城市街道，有利于吸引居民主动式出行。

（二）粗放施工、人文失位

住建部于2018年2月发布了《城市道路工程技术规范》国家标准，并提出该标准为强制性条文，必须严格执行。规定道路工程建设应兼顾社会效益、经济效益与环境效益，遵循节省资源和保护环境的原则，减少对环境的改变和影响。但在实际施工过程中，为了节约建设成本，往往把经济效益放在首位，而忽视了社会效益和环境效益。与高效的建设速度相比，建设的过程就显得有些粗放，施工围挡之后是黄土朝天、沙石

满地的施工场地，喷洒除尘装置差强人意，环保部门面对"某某重点工程"通常也是睁一只眼闭一只眼，大开绿灯。

除环境因素外，人性化因素通常也被抛之脑后。城市的快速发展，会不停地进行道路的新建、扩建和改建。不管是修建普通的道路还是高架、地铁，民众在享受道路升级改造后的便利性和舒适性之前，都必须忍受施工过程的"阵痛期"。"今日的不便是为了明日的方便"，此类贴在施工围挡上的人性化标语有时可能是告诉老百姓：你"无路可走"了。

这一点香港特别行政区做得很好。香港2017年发布的《道路工程的照明、标志及防护工作守则》明确提出："所有道路工程都会造成不便，亦可能会危及道路使用者，包括进行工程的人员。因此，负责道路工程的人员有责任确保把这些影响减轻或降至最低程度，以及确保工程有适当的照明、标志及防护。为障碍物及道路工程提供清楚的预先警告是最为重要的。"

香港在车行道路及交叉口施工的围挡方案中还考虑了施工围挡对于车行道路及慢行通道的影响。在车行道路施工的情况下，没有牺牲慢行通道空间，反而在尽量维持原路口慢行流线的前提下（交叉口4条斑马线保留3条，保持该路口的慢行交通功能不变），减少车行通道宽度（根据中国香港特别行政区政府临时交通安排的申请要求，车行通道宽度及方向的调整所带来的影响，在该临时交通安排提交时需作出合理性分析）。在所有慢行与车行可能产生冲突的位置布设围挡设施，保障慢行安全。工地围挡不仅将施工范围与车行道路分离，也专门为人行提供了安全的隔离及铺装。

在目前的国标及各地标准中，对施工围挡及安全管理的措施还局限于施工场地与车行道的分隔要求，但对于人行及非机动车道与施工场地的分隔、人行及非机动车道与车行道的分隔、被占用的慢行通道的临时改道方案等均没有足够的体现。同时，施工临时交通安排的实施者，通常对交通要求不够了解，导致图纸上专业的临时交通安排措施无法顺利落地，落地后也会因监管不到位而无法维持。施工期间的保通路不能明确行人和非机车的路权，造成了机非混行、人非混行、人车混行的混乱局面，"行人优先"自然无从谈起。一些城市在道路施工时，无任何保证行人和非机动车的措施，严重影响了居民选择主动式出行。除因绕行的时间成本过高，有出行刚需且未拥有机动车的居民外，其他居民基本不会在这样的街道环境下进行步行或骑行，从安全、环境和出行三个方面看都不利于居民的身体活动和健康。

（三）运动健康促进的人文关怀有待改进

在道路施工建设时，要严格执行国家和地方的强制要求，兼顾社会效益、经济效益与环境效益。各地近年来实施的治理空气污染的"蓝天工程""蓝天保卫战"等行动让很多城市空气质量的优良天数明显增多，有些城市当月空气质量的优良率甚至达到100%。这些行动都对道路施工的防尘措施提出了明确的要求，比如必须配备抑尘喷洒设施，此举有效抑制了扬尘的出现。但很多工地将喷洒设施安装在施工围挡的顶端，水汽随风飘散，行人和骑行者不堪其扰，要么被淋湿，要么选择"借用"机动车道，就无疑对居民主动式出行造成了困扰。此外，在道路施工时主要关注的是机动车的通行，对慢行交通的保障措施不到位甚至缺乏，不能保证行人和非机动车的路权，人文关怀缺位严重影响了主动式出行的安全性、便捷性和舒适性。希望在"还路于慢行"这一新一轮道路规划的大背景下，道路施工过程中慢行通道的维持、慢行交通的安全可以得到重视和保障，加强对行人和骑行者的人文关怀，减少对居民身体活动和健康的影响。

六、管理水平明显提升，但管理成效仍显欠佳

（一）管理水平明显提升

近年来，随着城市管理精细化水平的提升，城市街道的管理水平也日益提升，管理的体制机制更加顺畅。比如深圳市整合管理体系，成立了城市"大交委"，行使所有与道路和车辆管理相关的职责，将市交通局、公路局、交通综治办的职责及规划局、城市管理局、公安交通警察局的有关职责整合划入，实现城市道路交通领域的管理能力和水平进一步整合和提升，从各部门条块化管理转变为协同共治，形成共商共建、部门联动、横向互动、相互支持的良好局面，形成治理的合力。此外，为明晰街道管理的直接责任人，很多城市开始实行"路长制"，由路长

负责一定范围的所有街道的管理事务，起到上传下达、处理具体事务的作用，起到了较好的效果。

与此同时，随着智慧城市建设的加速，借助大数据、区块链、云计算、人工智能等信息化技术推动城市管理手段、模式和理念创新，并应用于街道管理之中，促进智慧交通、智能停车、故障报修、事故处理等街道管理业务的智能升级，推动城市街道治理体系和治理能力现代化。能力的提升能够更好地贯彻执行"以人为本、慢行优先、健康促进"的治理理念，有利于营建步行、自行车友好的街道环境，功能多样的街道空间和丰富多彩的街道生活，为从城市街道治理视域促进居民的身体活动和健康打下较好的基础。

（二）管理成效仍显欠佳

尽管当前很多城市都围绕满足人民对美好生活的需要这一核心任务来提升城市街道精细化管理水平，做出新的制度安排、政策创新和技术应用等，着力创建更加安全、整洁、舒适、有序和公正的城市街道环境。然而城市街道管理尚未明确纳入到城市精细化管理的体系之中，因此大多仍停留在粗放式管理阶段。城市街道内的各类空间和设施涉及众多管理部门，有时会出现各部门的权责交叉或衔接不畅的情况，在街道的建设维护以及改造更新时缺乏部门间的统筹协调，一个典型表现就是"破路挖沟"时各部门"你方唱罢我登场"，这无疑会造成人力、物力和财力的浪费，过去政府单一管理的模式已难以满足多元使用者的需求。同时，在街道建设管理的行政审批中存在瑕疵，比如街道改造方案审查未进行即可开工、街道竣工验收环节未完成即可交付使用等，反映管理部门对城市街道品质把控不严，并且有关街道建设和管理维护的共管共治机制也尚未健全。一些地方在街道管理中粗放式投放栏杆，整齐的栏杆虽然为机动车创造了相对独立的行驶空间，但也无形中提高了车辆行驶速度，降低了司机驾驶时的警觉性，增加了发生人车事故时行人的死伤率，是典型的"车本位"的管理思想。栏杆不仅隔离了机动车和非机动车，更把人性化的街道管理隔绝门外。

此外，有关街道管理的法规、规定、制度的宣传工作明显滞后，宣传的渠道、方式和力度都非常有限。比如很多城市对创建国家文明城市、国家卫生城市等投入巨大，宣传力度空前，而对交通出行、街道安全的宣传投入明显不足，很多民众对此不甚了解，这是造成我国居民整体交通素养偏低的主要原因之一。很多行人和骑行者不了解相应的交通安全法规，就更谈不上遵守了。而有些时候，很多居民在面临街道公共服务供给不足时，会出现把个人利益置于公共利益之上的行为，比如违章停车。而由于相应的街道管理手段不到位，这种行为仅依靠交通警察的现场处罚很难达到管理效果。如果非机动车完全侵占了步行道，自行车道又被机动车非法停车占据，行人只能绕行非机动车道，那么非机动车只能去机动车道行驶。以上场景在我国城市中绝不是个案，折射出了街道管理成效低下的现状，受损的最终是公共利益。

街道的活力在于其多样性，而街道两侧的商铺不仅方便了周边居民日常的生活，更繁荣了街道的商业文化氛围，有利于居民主动式出行。但当前很多城市却都对"住改商"亮起红灯。

"住改商"是我国特殊历史时期形成的特殊社会现象，对城市经济发展、创业就业、民生生活都产生了积极的影响，但的确也造成扰民、噪音、环境污染、生产安全、消防安全以及在监管不到位之后的税收保障等方面的负面影响。但"一刀切"式的整治方式有待商榷。于法，法律并未禁止。《民法典》第二百七十九条规定："业主不得违反法律、法规以及管理规约，将住宅改变为经营性用房。业主将住宅改变为经营性用房的，除遵守法律、法规以及管理规约外，应当经有利害关系的业主一致同意。"但要取得"有利害关系的业主一致同意"在实际操作中比较困难。于情，"住改商"为城市数万创业者提供了经营空间，几十年来，不少城市甚至出台了鼓励"住改商"的政策，不仅促进了当地的经济和税收，也方便了民众生活，提升了城市的活力。农村的"住改商"促进了乡村旅游的发展，具有地方特色的民宿不仅成为农民创收的主要来源，亦有利于推进乡村振兴战略；于理，由于历史原因和社会发展过程中自然形成的"住改商"，特别是在住宅商品化改革制度实施之前，未标明建筑使用性质的建筑物所从事的"住改商"，且有益于服务市民且并未造成不良影响的，比如快递超市、美容美发、果蔬超市等，应酌情考虑，不宜"一刀切"。

任何政策法规都应建立在公平之上，但在"住改商"清理的过程中，作为执法主体的街道办事处推进力度并不相同。一路之隔，但隶属

不同的街道办事处，一边完全清理，另一边正常营业。而在清理的过程中也有选择性执法情况发生，没有做到一视同仁，其公平性何在？"住改商"仅清理沿街的商铺，对小区内的不管不问，其公平性何在？对有正规产权的住宅进行"住改商"清理，而对一些隶属于各企事业单位的临街临时建筑的商业行为听之任之，其公平性何在？换言之，A市进行"住改商"清理，B市不清理，其公平性何在？试想如果对丽江古城的民宿全部进行"住改商"清理，古城还有魅力吗？因此，建议"住改商"应尊重历史事实，尊重自然有机生长法则，"堵疏"结合，对确实影响到城市沿街区风貌、消防安全、交通状况的应坚决整治，特别是从事餐饮、酒吧、KTV等产生噪音和环境污染的"住改商"要酌情取缔，遏制非法"住改商"行为的政策性泛滥。对合法经营的方便居民生活的"住改商"要完善相关手续，全面提升符合规划要求的"住改商"商业业态、引导经营方向，促使其符合区域内未来商业发展目标。

街道两旁的商铺和"逛吃"的人流是城市的人间烟火。"住禁商"的初衷可能是提升城市形象，但城市的形象和魅力，并不仅仅在于干净整洁的街道、标牌统一的商店或精雕细琢的绿化，更在于街道的多样化、生活化和人性化，民众愿意在街道上行走、逗留、交流、休闲、游憩或购物，街道业态的多元、多样和丰富，才是城市活力和魅力所在。街道管理不能对正常经营的"住改商"严格清理，却对占道经营的"地摊经济"大开绿灯，正是街道两旁无数的小店才构成了有意思的街道和城市。如果对其进行无差别清理，不仅会造成居民生活的不便，也让这些居民主动式出行的目的地消失，转向机动化出行，影响到居民的身体活动和健康。

（三）运动健康促进的治理能力有待提高

近年来，国外众多城市都在通过各种方式和途径努力提升城市街道治理能力，促进公众主动式出行、激发城市活力、促进公共健康。我国亦在积极推进城市治理能力的现代化，但在城市街道治理方面仍存在明显短板，特别是尚未树立从城市街道治理视域促进居民身体活动和健康的理念。各级政府应循证施策、思路清晰、目标明确、步履稳健，掌好以人民健康为中心的"舵"，把促进居民身体活动和健康作为推进城市街道治理能力提升的考量因素之一。

城市街道治理涉及发改委、国土资源局、规划局、建设委员会、交通管理委员会、城市管理局、工商管理局、园林绿化、交警支队和街道办事处等多个部门，存在责权交叉或空白的情况。因此，治理能力提升必须要明确各部门的权力和责任，要达成各主管部门的理念共识，明确治理目标和标准，建立与街道治理相关的政策体系、指标体系和绩效考核体系。捋顺各类城市街道治理的事权和财权，打破传统的体制机制，摒弃各部门条块分割、各自为政的治理惯习。城市街道治理不是一家之事，促进居民身体活动和健康需要加强部门协同，从各部门条块化管理转变为协同共治，形成共商共建、部门联动、横向互动、相互支持的良好局面。大数据时代的到来，既为城市街道治理提供了全新的视角，也提供了有力的技术支撑，要充分利用现代信息化技术，为促进居民的身体活动和健康服务。多措并举，提高治理能力，为从城市街道治理视域促进居民身体活动和健康提供坚实的支撑和保障。

七、监督机制有所创新，但监督主体仍不明晰

当前，如何建立有效的监督和评价机制在我国很多领域中都是一项难题，比如如何保证监督或评价机构的公正性与客观性，机构的职权范围如何确定和约束；如何选择评价的指标，评价的结果如何使用、在多大范围内使用等，这些问题在短期内还很难得到有效解决。尽管如此，监督和评价工作仍是我国各项事业发展过程中不可或缺的一个环节，城市街道治理亦然。而监督和评价一直是我国城市街道治理中的短板，其主要原因在于监督和评价的主体、客体还不够明晰。

"道阻且长，行则将至。"尽管面临很多困难，但各个城市都能迎难而上、主动作为，贯彻"以人民为中心"的治理理念，探索城市街道治理监督、评价的有效途径和方法。

（一）监督机制有所创新

理论上讲，各级人大、政协和纪委都有监督的职能，广大民众亦有监督的权利，监督的对象包括但不局限于城市街道。但以上监督形式主

要是一种"问题解决型"的监督，即出现了某些问题后，人大、政协和纪委通过各自的渠道收集该问题的相关信息后，针对该问题进行跟踪、反馈和问责；而民众则在遇到问题后通过各种信访渠道和市长热线等进行反映和投诉，期待问题的解决。这些监督形式多为事后监督，反映出事前和事中监督的缺位。

为建立常态化的监督管理机制，很多城市把基层治理从"网格化"转向"路长制"。2016年，杭州和西安首先在国内尝试推进"路长制"，随后，北京大兴区、上海静安区和广州越秀区等地也启动了局部试点。此后，深圳、长春、济南、郑州等城市结合自身城市特点，在之前城市"网格化"管理体系的基础上推出城市精细化管理的"路长制"。"路长制"是针对城市治理"网格化"现实失灵问题而进行的城市精细化治理的新尝试。以基础党组织为中枢，进行行政力量的融合和再分配，以转变过往城市治理领域中的"软、乱、脏、差"现象。广泛动员政府部门和社会力量，以落实"责任制"为核心，突出城市治理"责任制"的"精细化"，用"分包—承包"的形式助推责任的精准落实，将城市治理责任落实到具体的责任人。

"路长制"按其责任领域和实施主体的不同可分为交通管理、市容环卫建设和综合治理三类，每一类都与城市街道治理直接相关。第一类交通管理，责任人为交管支队各级主要负责人，主要负责交通管理和道路养护问题；第二类市容环卫建设，主要按行政区域将各区县道路进行实名制分包，相关单位的公职人员进行"承包"，主要负责街道沿线的市容秩序、环境卫生、绿化管理、户外广告和设施维护等；第三类综合治理，责任人沿用社区网格化管理的体系，主要工作不再限于街道环境整治，而是社会综合治理，通过上下分级联动实现基层自治。这种监督机制有利于提升城市街道的监督水平，贯彻"以人为本、健康促进、慢行优先"的治理理念，提升街道环境品质，提高居民主动式出行的比例。

（二）监督主体仍不明晰

城市街道借助"路长制"进行监督的优势在于其治理主体的多元化，即"行政主体+社会成员+第三方"的模式。其中最重要的是行政主体——政府机关及其工作人员，而"路长"是整个责任体系的核心。

"路长"共分为四级：总路长为政府厅局级的主要领导；一级路长为县处级的主要领导；二级路长为科级的主要领导；三级路长为社区干部，每级路长由上级路长领导。"上面千条线，下面一根针"，所有上级的工作最终都会落到一线人员身上，这些人员主要包括街道办、城管办和社区工作人员，以及下沉到基层挂职锻炼的人员。他们虽没有"路长"头衔，却行使着"路长"的职能，是真正处理问题、拥有一定权力、话语权和自由裁决权的主体。

真正具有"路长"头衔的都是上级政府部门的各级领导，本身都有着自己的本职工作，"路长"职能可以说是其分管工作，或者说是一种兼职，其工作的积极主动性更多源于上级的压力，也就是上级的各种检查和评比。很多城市推行"路长制"的初衷，主要就是为了迎接全国文明城市、全国卫生城市和全国园林城市等各种检查。当这些创建活动结束后，这些"路长"能否继续发挥其主体作用存疑。而一线工作人员本身的工作就十分繁杂，又未承担"路长"的职责，所以只需服从上级工作安排就好。尽管"路长制"强调用行政辅助力量加强监督作用，将人大代表、党员代表和政协委员纳入"路长"的工作体系之中，并吸收商户、居民代表组成社会主体和第三方机构参与街道治理和监督。但总体上说，监督主体仍不够明晰，适应新时代需要的城市街道的常态化监督机制仍需继续完善。

（三）运动健康促进的监督职能有待健全

当前，城市街道治理视域下的运动健康促进的监督职能仍有待健全。一方面，常态化的监督机制尚未建立。尽管国内很多城市近年来都在把基层治理从"网格化"转向"路长制"，城市街道的监督依托"路长制"，也较好地实现了街道网格与分级责任的精细化、规范化和常态化。通过监督制度、调度制度和督查制度，压实责任，在做好监督工作的同时协调解决民众反映的各类问题，提升城市街道管理的广度和精度，确立了治理主体多元化、治理责任精确化、治理措施科学化的良好机制。但监督的主要内容在于街道的环境卫生、交通管理、停车管理和经营管理等，虽然通过这些监督也会在一定程度上促进居民的身体活动和健康，但最后成效欠佳。针对主动式出行环境、城市街道的绿色

空间、社交空间和健身空间的监督职能仍有待健全；另一方面，监督的信息化水平还不高。目前主要依托传统的人工方式，效率不高、效果有限。故应主动融入智慧化城市建设之中，提高监督的智慧化、信息化水平，充分利用"大数据""人工智能""云计算"和"5G"等现代信息化技术，为城市街道治理视域下的运动健康促进智慧化赋能。

八、评价指标日趋多元，但评价体系仍不完善

（一）评价指标日趋多元

随着人性化街道治理理念的回归，街道除交通以外的功能也越来越受到重视，对城市街道的评价也由只关注交通效率的评价，转向对城市街道的活力、绿化率和交通效率等方面的综合评价。2016年发布的我国首部街道设计导则《上海市街道设计导则》提出了街道评价方面从"强调交通效能"转向"促进街道与街区融合发展"的评价。该导则全面归纳与明确了街道在城市交通、市民生活与城市发展等方面的职能与作用，并推动"道路"到"街道"的转型发展，提出街道治理理念由"主要重视机动车交通"转向"全面关注人的流通和生活方式"。近年来，城市街道的公共空间功能、促进城市活力功能和提升城市品质功能愈发受到重视，增强了街道在提升城市活力、增加社会交往、促进经济繁荣和传承城市文脉等方面的作用。与之对应的城市街道的评价亦从单一的评价转向交通、活力、商业、文化、绿化等的多元评价，有利于从街道评价层面促进居民主动式出行，提升身体活动和健康水平。

（二）评价体系仍不完善

当前，对于街道的通行效率和绿化率有对应的评价指标体系。而对街道的健康、活力、商业、文化等方面的评价尚无统一的评价标准，目前还只停留在理论研究层面，官方的评价标准和体系尚未建立，针对运动健康促进的评价指标阙如。因此，应尽快建立城市街道的多元评价体系，为城市街道的健康发展提供依据和评价支撑。

（三）运动健康促进的评价工作有待强化

城市街道治理视域下的运动健康促进在理论研究和实践探索方面均是一个新鲜事物，除上述的理念、制度、规划、设计、建设、管理和监督方面要加强外，评价工作亦需强化，应建立相对完善的评价指标体系，形成促进居民身体活动和健康的城市街道治理闭环，有效达成通过城市街道治理促进居民身体活动和健康的治理目标，为推进城市街道的体育化利用，缓解群众"去哪儿健身"难题，建立运动促进健康新模式和服务《全民健身计划（2021—2025年）》提供理论和实证参考。

第二节　我国部分城市街道治理视域下的运动健康促进经验

遵循着"人民城市人民建、人民城市为人民"的初心和使命，以人民为中心、以人为本和人性化等理念逐步融入到城市街道治理的全过程之中。传统的仅注重车辆通行效率的"车本位"思想逐渐退出了历史舞台，"人本位"成为当前城市街道治理的主流思想。上海、成都、昆明、深圳、南京、北京等城市先后出台了通过街道治理的顶层设计来提升城市魅力、激发城市活力、改善城市生态、促进社会交往、繁荣商业市场、保证交通安全和倡导绿色出行等的街道设计导则。"以人为本""慢行优先"和"绿色发展"成为众多城市的共同选择。这些城市也根据其政治经济、历史文化、人文风情和气候地域等特点，发掘城市特色、打造城市品牌，营造美好人居环境，把城市街道作为提升城市幸福指数和宜居程度的关键。

通过城市街道治理促进居民身体活动和健康是践行新时代"以人民为中心"城市街道治理策略的重要手段和载体，倡导主动式出行是当前我国城市街道治理视域下的运动健康促进最主要、最有效、最快捷、最必要的手段，是通过城市街道治理促进居民身体活动和健康的基本途径之一。故本节仍以"主动式出行"作为研究的切入点。

主动式出行（active travel）一词来自国外，包括步行、骑行、轮滑、滑板和轮椅出行等。它强调个人出行时的积极主动性，国内与之含义接近的官方用词是与"机动化交通"相对应的"慢行交通"，强调出行的方式和速度。本研究在引用各地的政策文本中将沿用"慢行交通"这一表述，在其他地方使用"主动式出行"的表述。本节选取一线城市中的北京和上海（较早颁布的街道设计导则的城市）、省会城市中的成都和武汉（具有一定地域特点的城市），以及普通地级市中的常州、株洲和沧州（步行友好性评价排名靠前的城市）进行案例研究。选取这7座城市的原因有三：一是以上城市均为世界自然研究所和清华大学建筑学院联合发布的《中国城市步行友好性评价》中排名较靠前的城市；二是7座城市分布在5省2市，横跨东西南北中，包含了不同的地域、气候和文化特点；三是7座城市中既有北京、上海等一线城市，又有中西部的成都、武汉两座省会城市，还有常州、沧州和株洲等普通的地级城市，基本能够涵盖我国大部分城市的特点。通过实地调研、文本考察和百度街景地图相结合的方式，收集和验证7座城市城市街道治理视域下的运动健康促进现状、城市街道质量、治理目标、治理措施和治理经验等信息，为后继研究提供实证支撑。

一、北京

（一）治理目标

北京是我国的政治、文化、国际交往和科技创新中心，也是京津冀一体化发展的核心城市。北京不仅承载着国家职能、拥有悠久的历史文化，更是两千多万北京民众生活的地方。北京是一座有三千多年历史的古都，其间有800多年都是我国的首都，承担着管理国家的职能。在不同的历史时期，北京的城市功能与百姓生活交融衍生，积淀至今。庄重恢宏的故宫、肃穆典雅的中南海、垂柳掩映的什刹海、创新创业的中关村、时尚繁忙的CBD、壮美开阔的奥林匹克公园等，丰富多元的城市功能与类型多样的城市空间相生相伴，历史底蕴深厚、文化氛围浓郁、城市形态丰富。

城市街道是城市空间的关键要素之一，其构成了城市空间的基本框架。城市街道与城市功能也密切相关，不仅承载着城市的道路交通功能，也为各种基础设施提供了空间载体；城市街道与居民的生活息息相关，它既是各种公共活动发生的重要场所，也是民众收获城市印象和寄托城市情思的主要对象。城市街道是北京城市空间的重要组成部分，包含着川流不息的街道交通、多姿多彩的街道生活和形态丰富的街道景观。

20世纪80年代，北京市步行和骑车出行的人数占了很大的比例（仅骑行出行的比例就高达62.7%）。改革开放之后，北京进入了城市的快速发展阶段，城市街道的范围和建设强度均急速增长，表现为街道的数量和长度骤增、机动车保有量持续上升和城市尺度不断膨胀，"车本位"思想大行其道，主动式出行比例不断下降。

近年来，随着"以人民为中心"城市治理理念的贯彻落实，体现以人为本理念的绿色、宜居、生态、和谐、健康等成为城市治理的热门词汇。2017年发布的《北京城市总体规划（2016—2035年）》将北京的城市发展目标定为"国际一流的和谐宜居之都"，并提出了"建设步行和自行车友好城市"的发展目标；提出要提升城市街道环境品质，打造舒适安全的街道环境和生动美好的生活氛围。在街道治理方面，北京于2020年发布了《北京街道更新治理城市设计导则》，提出北京要"以人民为中心，建设具有'首都风范、古都风韵、时代风貌'的高品质城市公共环境"。

（二）治理措施

作为一个大国的首都，一个人口超千万的特大型城市，一个保护与发展并重的世界古都，北京的步行和自行车友好城市建设有其自身的特殊性和复杂性，所采取的主要治理措施有：

1. 加强慢行系统基础设施整治改造

北京近年来制定了一系列旨在改善步行和自行车交通系统的目标：提高步行和自行车出行比例；推动低成本、低环境影响的交通系统建设；促进城市绿色交通发展等。北京市的慢行系统整治改造，其重点是提高城市道路的安全性、连续性和舒适性。

通过明确自行车路权和通行路线，引导自行车有序通行，有效改善

了路口的通行秩序。同时，采取设置机非隔离、阻车桩以及增设监控设施等强化自行车道路权。为提升残疾人出行的安全性和便捷性，对二环内环辅路和工人体育馆东路等道路无障碍设施进行了完善，保持了盲道的完整性和连续性，进一步改善了人行道路对残疾人出行的服务水平。保持慢行交通设施的连续性能够鼓励市民绿色出行，提升慢行交通的品质。但在中国的许多城市都面临着慢行交通设施不连续的问题，这可能是多方面的原因造成的：被机动车道侵占、市政设施占压、不法摊贩违规占道、临时停车占道，或是由于各层次规划设计的衔接存在问题，或因政府主管部门之间存在协调不到位的问题。

为促进居民自行车出行，北京还修建了6.5公里的"自行车高速公路"，这条自行车专用道采用了高架与路面相结合的全封闭设计，与既有交通道路分隔开。6米宽的路面双向行驶并配有潮汐车道。通过该专用通道30分钟内可从昌平回龙观骑行至海淀上地软件园，服务沿线1.16万人口的通勤。

成功的城市慢行系统建设离不开科学的规划和技术标准指导。2020年北京市出台了《北京街道更新治理城市设计导则》，立足于展示首都风范和古都特色，以历史和发展的眼光重新定位街道的功能：承担城市功能的载体、活跃城市生活的客厅、展示首都形象的窗口和多元城市文化的界面。该导则从价值与转变、总体规划要求、核心设计要点和机制保障与专项治理4个方面为加强城市慢行系统建设提供了全面详细的规划设计方案和推进保障机制，以营造更安全的步行环境、更连续的骑行线路和更优质的街道林荫，并有针对性地打造祥和邻里路、宁静胡同、安静校园路和有序就医路。

在此基础上，北京市于2020年12月编制出台了全国首部《步行和自行车交通环境规划设计标准》，并于2021年4月1日起正式实施。该标准以北京市步行和自行车出行特征为基本依据，以"三导向"（问题导向、目标导向、需求导向）为基本原则，在长期、持续的跟踪调研和规划研究的基础上，通过反复论证研讨、反复征求各方意见和建议，最终为北京量身定制了步行和自行车交通环境规划设计的"首都标准"。强调人民至上、安全至上，全面保障全龄行人和自行车出行的全天候安全，强调全面提升行人和自行车出行环境的舒适性，塑造高品质的街道景观和生态效应。该标准的出台，是深入贯彻和落实北京新版城市总体规划的重要举措和抓手，对于加快实现"步行和自行车友好城市"的北京城市发展目标具有重大意义，并对国内其他城市步行和自行车交通相关标准的制订，以及步行和自行车交通相关设施的规划建设具有借鉴意义。

2. 注重慢行交通宣传教育及公众参与

为提高公众对绿色出行的认识、在全社会倡导低碳交通，北京市以多种形式广泛开展了一系列面向公众的宣传教育活动，比如"公交出行宣传周"活动；北京市交通委宣讲团走进街道和社区，进行"绿色出行文明交通"宣讲活动；北京市团市委、首都文明办及其他社会组织共同发起的"绿色出行倡导月"活动；北京市交通委与高校联合举办的"绿色出行、畅通北京"演讲比赛；由北京市体育局、市交通委等联合发起的"北京自行车日"活动；再如"北京交通知多少"社会调查活动、"交通陋习大'搜捕'""绿色出行知多少""绿色出行时尚"摄影征集等。这些活动通过各种渠道向广大市民进行宣传和教育，与市民形成了广泛的良性互动，使绿色出行理念逐渐深入人心，增强了公众参与的广度和力度。同时通过市民的广泛参与，也能够营造更为便捷的绿色出行环境。

3. 开展慢行交通专项治理行动

为有效提升城市慢行环境，北京市还开展了一系列行之有效的专项治理行动：

（1）疏控结合治理乱停车

坚持有偿使用、严格管控和减量设置的原则，精细施策、规范秩序，通过疏控结合的方式适度满足民众的停车需求，规范设置夜间停车位，明确临时停放时段要求，利用闲置地块设置公共停车场，清理路侧和人行道违章停车。

（2）精细改造交叉路口

按照安全为本的原则和交叉路口特点，对交叉路口空间进行优化改造。严格控制交叉口的机动车速度，缩小转弯半径引导右转机动车减速，确保右转车辆避让绿灯放行的行人与骑行者，在交叉路口规划自行车引导线、设置行道树为行人提供舒适的驻足环境等。

（3）优化自行车停放

以容定量、优化停放，避免影响到正常通行、降低城市街道品质；根据公交接驳点的情况科学设置停放区，不可挤占人行道和非机动车道的通行空间；对共享单车设置电子围栏，避免乱停放；倡导沿街业主提供建筑退线空间作为自行车停放区。

（4）限制栏杆、打开围墙

净化城市街道，除特殊政务保障或国事活动需求外，严格限制栏杆的使用，鼓励使用绿化带、隔离带；鼓励拆墙透绿，公园和文体设施等公共空间打开围墙，实施开放或半开放管理，供公众休闲游憩。

（5）挖潜边角空间

通过空间整理，进一步梳理街道周边的边角空地、零碎空间，拆除违法建筑、清理堆放垃圾，根据地方特色和居民需求进行空间的优化改造，提升城市街道活力；注重留白增绿，充分利用拆迁、拆违和腾退空间，建设口袋公园、小微绿地，增加民众交往活动空间。

（6）利用高架桥下空间

根据高架桥下的交通流量、空间规模和空间连续性等特征，分类制定合理的空间利用方案，盘活这些消极空间，用于行人过街等候、交通集散、专用自行车道、景观绿化区和游憩休闲空间等，营造具有活力的城市街道环境。

（7）加强夜间照明

为保障行人和骑行者的安全，应加强夜间照明。照明设施布局要合理且连续，不占据通行空间；照明设施的色彩和照度要合理，城市景观照明不得与街道照明冲突，照明灯具应安全可靠、节能环保、维修方便，如此才能营造出街道安全、美观、舒适的夜间照明环境。

4. 加强智慧交通建设

《北京市"十四五"时期智慧城市发展行动纲要（公众征求意见稿）》提出"到2025年，将北京建设成为全球新型智慧城市的标杆城市"的发展目标。北京高度重视智慧交通的建设，在部分路段实现了智能交通管理系统根据交通探头收集的车辆运行大数据智能控制交叉路口的红绿灯，合理疏导各方向的车流，实现区域整体交通流量的自动平衡。结合智能"绿波带",提高车辆通行效率。推广公交优先通行系统,试点特种车辆"一键护航"系统等,用智慧助力城市交通。

(三)治理经验

1. 重新定位、转变理念

北京基于国内外城市街道治理的经验,立足于展示首都风范和古都特色,重新定位了街道除交通以外的功能,即活跃城市生活的客厅、承载城市功能的空间、展示首都形象的窗口和传递多元文化的载体。在此基础上,转变治理理念,即以人为本、城市街道整体管控和部门协同共治,并开展了一系列卓有成效的专项治理行动。

2. 以人为本,统筹整合

在以人为本理念的指引下,转变过去只注重机动车通行效率的惯性思维,全面分析各类街道使用者的实际需求,坚持慢行优先原则,统筹整合街道交通功能与城市街道质量以及社会效益间的平衡。统筹城市街道资源的分配,即不同街道使用者的路权的分配,倡导从整体上调配城市街道和空间要素。从空间、功能和管理层面分别提出了对应的治理建议。

3. 因地制宜,精细管控

按照《北京城市总体规划(2016—2035年)》提出的北京结构划分,分别确定不同的街道治理目标并制定相应的城市街道治理策略。借鉴国内外先进经验,结合北京智慧城市建设,运用现代科技手段,构建北京街道管理体系和管理平台,根据不同的街道类型实现精细化管控。

4. 社会参与,共同推进

为加强城市街道治理,北京通过专家领衔、多方合作和公众参与等多种形式,广泛邀请社会各界共商共治,为城市街道治理把脉问诊,集中群策群智,助力多方形成共识,共同推进城市街道治理体系和治理能力现代化。

5. 智慧城市，交通引领

北京提出了在"十四五"时期建设成为"全球新型智慧城市的标杆城市"的目标。并把智慧交通建设作为智慧城市建设的重点内容，运用最新科学技术手段，实现智能交通管理，缓解交通拥堵，提升道路通行效率，净化城市街道环境，提升城市街道品质。

过去40年，伴随着城市机动化进程，北京慢行交通经历了主导、衰减、衰减减缓、回升四个发展阶段。1993年以前以慢行交通为主导，慢行交通是客运交通出行的主要方式；1993—2004年为慢行交通衰减阶段，慢行交通出行比例开始下降，从20世纪80年代的约77%持续下降至2013年的约39%；2004—2012年为慢行交通衰减减缓阶段，慢行交通逐渐得到重视，开始编制慢行导则，试点慢行改善项目。但与此同时，机动化继续高速发展，慢行交通出行比例仍呈下降趋势，但速度趋缓；通过近年来的治理，2012年以来进入慢行交通回升阶段，为解决"大城市病"、缓解交通拥堵，北京的交通政策转为控制小汽车总量、鼓励绿色出行、开展大量慢行规划建设工作，慢行出行比例开始缓慢提升。2020年，北京市完成了378公里慢行系统综合治理，完成对两广路、安乐林路、三里屯路、北苑路等道路步行道、自行车道的改造整治。截至2020年底，公共自行车车辆规模为12.9万辆，共享单车规模为84.4万辆。北京市步行、骑行比例合计达到46.7%，为近五年最高点，单车骑行量7.3亿人次，同比上涨35.2%。

机动化的快速发展给慢行系统带来诸多问题，主要包括机动车停车侵占慢行路权、行人过街不方便、慢行环境品质不高、不良交通行为威胁慢行安全等方面。鉴于此，北京市于2021年9月发布了《北京市慢行系统规划（2020—2035年）（草案）》，提出了"建设连续安全、便捷可达、舒适健康、全龄友好的慢行系统，助力实现碳达峰、碳中和"的总体目标，把以人民为中心的发展思想落到实处，坚持"慢行优先、公交优先、绿色优先"理念，逐步连线成网、联网成片，加快构建"成网好用"的慢行交通系统，形成"线贯通、点覆盖、增体验、定规则"的规划方案。

二、上海

（一）治理目标

上海是一座古老又年轻的国际化大都市，在战国时期是楚国春申君黄歇的封邑，故别称为"申"，到晋朝时期，简称为"沪"，1292年设县，而后筑城。到16世纪中叶的明代，上海已成为全国棉纺织手工业中心。公元1685年，清朝政府在上海设立海关，对外开埠通商，到19世纪中叶，上海已成为商贾云集的繁华港口。在上海开埠之前，城内外及黄浦江两岸已形成百余条街巷，开埠后，英、美、法相继在上海设立租界并不断扩张，至民国时期已基本形成了棋盘形的路网格局，英、美租界合并后的公共租界内的道路线形弯曲，而法租界内的道路则大多顺直，并引入了放射形道路。当时的租界工部局就曾提出过发展市民健康的设想，1929年的"大上海计划"对通过城市规划促进市民运动健康问题也进行了探索。1934年8月，占地300余亩规模庞大的上海市运动场开工，同时还在附近建造体育馆和游泳池。但随着国民党统治的失败，很多计划都未能实现，但这些规划为后期新上海的治理建设起到了一定的借鉴作用。中华人民共和国成立后，上海的路网系统进行了数次调整，至20世纪90年代初步形成了目前的路网格局。改革开放后，上海进入到了城市空间快速发展时期，道路长度和面积不断增加，机动车与非机动车数量也不断增加。然而，这一阶段上海城市路网的建设和国内其他城市一样，都把重点放在提高机动化交通效率上。

近年来，建设健康宜居、充满活力、绿色低碳和可持续发展的城市成为全球众多城市的共同愿景，形成了重塑人性化街道的浪潮。不少城市认为加强对步行、自行车出行和街道生活的关注有利于实现上述愿景，并把其作为城市治理的重点。

上海市走在了国内城市的前列。

2018年发布的《上海市城市总体规划（2017—2035年）》提出将上海建设成为"卓越的全球城市，令人向往的创新之城、人文之城、生态之城，具有世界影响力的社会主义现代化国际大都市"的目标，并提出

"发展慢行交通系统，完善安全通达的骑行网络和舒适便捷的步行活动区域，至2035年，中心城公共交通出行占全出行方式比例的50%左右，绿色交通出行比例达到85%"。2016年10月，上海出台了国内首部街道设计导则——《上海市街道设计导则》，旨在推进街道建设模式的转型和创新，从注重道路交通功能转向关注慢行交通和沿街活动的街道，并提出了从理念、方法、技术和评价4个方面的转变：从"主要重视机动车通行"转向"全面关注人的交流和生活方式"，从"道路红线管控"转向"城市街道管控"，从"工程性设计"转向"整体空间环境设计"，从"强调交通效能"转向"促进街道与街区融合发展"。最终通过城市街道的治理"改进城市公共服务供给，激发城市活力，提升城市文化内涵和塑造城市精神"。2021年8月，《上海市慢行交通规划设计导则》发布，以《中共上海市委关于深入贯彻落实"人民城市人民建，人民城市为人民"重要理念，谱写新时代人民城市新篇章的意见》为背景，贯彻落实慢行优先的核心理念，为各层次慢行交通规划设计提供指导和参考。《上海市城市总体规划（2017—2035年）》指出："我们希望，2035年的上海，建筑是可以阅读的，街区是适合漫步的，公园是最宜休憩的，市民是尊法诚信文明的，城市始终是有温度的。"

（二）治理措施

1. 明晰街道与城市的关系

首先纠正了过往对慢行交通和街道公共空间功能的关注不足的问题，重新分析街道与城市的关系，将街道定位为"城市最基本的公共产品"，注重街道的公共空间功能，认为街道是与居民联系最为密切的公共空间，同时街道也是承载城市社会交往、文化活动和历史传承的重要空间载体。上海把城市街道重塑作为满足新时代人民群众对城市生活和服务美好向往的重要途径。主要从分析城市肌理与出行方式的关系、根据功能合理划分街道类型，以及促进道路向街道的转变三个方面着手。

2. 明确"慢行优先"的街道建设目标

目前，上海的路网格局已基本形成，中心城区的道路宽度较为稳定，因此，改善交通状况愈发捉襟见肘，单纯增加街道宽度，难度大且收效微。所以上海转变思路，以引导绿色出行为抓手，完善慢行网络和服务设施，为慢行交通创造安全、舒适、便捷的出行环境，提升出行体验。明确提出了上海要建设"慢行优先"的安全街道、绿色街道、活力街道和智慧街道的目标。

2021年8月出台的《上海市慢行交通规划设计导则》提出要遵循"统筹规划、聚焦特质、示范引领、突出特色、高效智能"的设计理念，坚持系统观念，加强规划衔接、空间融合，并针对五个新城和城市更新地区的特质制定针对性策略。同时，聚焦核心功能区、枢纽片区等打造示范区。依托历史人文、滨水景观等资源，建设特色慢行系统，并立足数字化转型推进慢行交通信息化、智能化发展。鼓励"窄马路、密路网"的城市道路布局，通过新改建道路增设慢行系统、开放利用公共通道，打通路网断点瓶颈，形成多层次、互联互通的全域慢行网络。《上海市慢行交通规划设计导则》从"构建连续完整的慢行网络、构筑复合立体的慢行系统、打造便捷高效的接驳系统、慢行设计精细提升、慢行系统品质创新、塑造品质特色的慢行新地标"六个方面，对慢行交通规划的范围、规划和内容上进行指导。重点指导以交通功能为主的慢行系统（包括市政道路、公共通道等），但也兼顾了以游憩、健身为主的绿道系统。同时，鼓励构筑复合立体的慢行系统，在综合交通枢纽、轨道交通站点、密集商办区等地区进行综合立体开发，构建高效连通和功能复合的全天候立体慢行系统。

此外，上海鼓励积极探索并建立"共享街道""分时步行街"等新型街区，营造活力人文氛围，形成历史人文魅力街区、邻里和谐安全街区、功能复合活力街区等，焕活慢行交通资源空间，优化市民整体宜居环境。

3. 加强街道与街区和社区的联系

（1）加强街道与街区的联系

街区与街道的交通及其他活动密切相关。街区可以为街道提供延伸的厚度，为步行和骑行提供舒适的路径，为居民日常生活提供便捷的设施和服务；良好的街区环境能够提升主动式出行的比例，促进街区内的居民和工作人员享受到所需的社区生活。而传统的大院制、大街区模式

并不利于慢行交通和居民生活。因此，上海提出要合理设置路网的结构和密度，特别是在新建城区应建设高密度路网，把改善和优化慢行交通作为重点任务。同时，鼓励建设开放式街区，因为开放式街区能够承载更大的活动强度、承担更多的就业岗位并产生更多的生活消费。开放式街区曾是近代上海最普遍的城市形态。上海开埠后，形成了花园住宅、石库门里弄和公共建筑街坊三种典型的城市肌理，比如位于外滩区域的公共建筑街坊尺度较小，商场、银行、酒店、剧院和办公大楼等公共建筑和公寓紧贴道路红线建造，形成了紧凑的开放式街区，街道得以发挥出促进街区发展的作用。

（2）加强街道与社区的联系

上海同样重视街道与社区的联系，早在2016年就出台了《上海市15分钟社区生活圈规划导则（试行）》。《上海市城市总体规划（2017—2035年）》将社区作为城市基本的社会生活单元，通过社区15分钟步行生活圈的构建，让市民"住有所居"、出行更为方便、生活环境更为宜人，有更多的获得感、归属感和认同感。在街道较为成熟的街区，街道网络密集、土地复合利用，街道把居民日常生活设施、公共交通设施、公共服务设施和公共开放空间连接起来，使他们能够在15分钟步行或骑行范围内享受到日常生活所需的服务和设施，并能够进行休闲购物、健身娱乐和社会交往等活动。

（3）探索共享街道模式

上海着力打造"创新、协调、绿色、开放、共享"的街道空间，形成宜居宜行的"共享街道"，服务15分钟社区生活圈。"共享街道"包括空间共享和时间共享。

空间共享是指在居住区或商业密集区建设行人、自行车、机动车等交通方式共用的街道，优先保障慢行交通，减少道路使用者之间的出行隔离，削弱机动车的主导地位，提高商业及住宅街道的安全性。空间共享主要适用于不承担过境交通的城市支路与公共通道，注意街道入口要有清晰的标识、鼓励减速的缓冲过渡元素，同时避免使用路缘石，弱化机动交通流线。可利用路面铺装强化横穿街道流线，如具有视觉或触觉差异的铺装。采用如弯道、折线、窄断面等稳静化措施使小汽车速度和行驶受限，同时让行人拥有优先权。上海番禺路222弄就进行了共享街道的探索并取得了较好的效果。

时间共享是指限时取消机动车通行，实施分时步行街。上海在安义路和常德路实行了时间共享街道，对机动车限行，形成的商业步行街方便了附近居民的闲逛、购物，丰富了社区生活。

4. 加强街道设计与实施保障

良好的城市街道需要用科学的街道设计来支撑。在明晰街道功能定位的基础上，上海针对不同类型的街道和街道上各种类型的交通性或其他活动的特点，因地制宜地进行城市街道的合理分配和街道设施的科学设置。同时，出台了《上海市街道设计导则》，该导则坚持以规划为引领，以人的尺度进行城市街道设计；坚持集约用地标准，注重部门协同、公众参与、信息更新，进行弹性目标管理；认真分析行人、非机动车、公共交通和机动车交通的出行特点以及不同类型街道和交叉路口的特点制定了相应的设计细则。

此外，通过建立科学的建设机制、合理的激励机制、有效的协商机制、完善的建设标准和文明的建设过程五个层面合力保障街道规划、设计、建设和管理等过程的顺利开展和实施，让"重回人性化"的城市街道理念得以实现，居民主动式出行的比例不断提高，街道慢行环境日益改善，城市的活力和魅力不断加强。

5. 加强街道的智慧化管理

上海在智慧城市建设的基础上，不断推进交通领域的智慧化进程。利用5G、区块链和人工智能等技术建立上海智能交通管理交互平台，科学合理管控交叉路口的红绿灯，缓解交通拥堵；提升公交运行、停车管理的智慧化水平，掌握车辆运行和停车信息的实行动态并进行调控；大力推进智慧交通技术的应用，促进街道及相关辅助设施的功能升级，完善交通运输服务体系，为今后新能源汽车的推广、无人驾驶技术的应用创造条件。在政策作用下，上海市的智慧交通将朝向科学决策的数据化支撑、行业监管的智能化支撑、协同一体的信息化支撑和出行服务的多样化支撑方向发展。

（三）治理经验

1. 科学规划、询证施策

围绕《上海市城市总体规划（2017—2035年）》，以把上海建设成为"卓越的全球城市，令人向往的创新之城、人文之城、生态之城，具有世界影响力的社会主义现代化国际大都市"为目标，以"五大发展理念"为指引，建立了由核心专家、咨询专家组成的专家决策咨询机制和多领域专家的咨询机制。立足上海、放眼全球、广纳建议，尊重科学、尊重历史、尊重现实，坚持"以人民为中心"，不断加强街道治理的智能化水平，制定相应的政策法规和标准规范用以指导实践。

2. 精心设计、统筹推进

在科学研究的基础上，精心制定并出台了国内首部街道设计导则——《上海市街道设计导则》，旨在推进街道建设模式的转型和创新，从注重交通功能的道路转向关注慢行交通和沿街活动，并提出了从理念、方法、技术和评价四个方面的转变。特别是提出了"统筹推进"的理念，将城市街道治理的人行道、非机动车道、车行道、行道树、沿街商店以及沿街的广场绿地、座椅等城市街道要素"一锅烩"，掌握好"火候"，"烹调"出最佳的城市街道效果。

3. 以人为本、保障路权

在国内许多城市把路越修越宽的时候，上海却聚焦于街道的收缩。2012年完成的外滩改造工程中，中山东一路由原来的11车道缩减到6个车道，人行道拓宽至10~15米，增加了街道的公共活动空间。2016年出台的《上海市街道设计导则》再次明确提出要"合理控制机动车道的规模"。

慢行优先并不是放弃机动车交通，而是寻求两者间的平衡。拟出台的《上海街道设计标准》纠正了《上海市街道设计导则》中所有街道转弯半径都要缩小的要求，而且根据街道类型分类对待。比如城市主干路、货运为主的交通性街道，为保障车行速度，建议转弯半径取较大值；而在行人密集的街道，为降低车行速度，建议转弯半径取较小值。

此外，上海全面营造全龄友好、充满活力、品质宜人的慢行空间。关注残疾人、老年人、儿童群体出行需求，为其划定独立、连续的、无障碍的步行和骑行空间。对一般人群则注重加强品质提升，为其提供更舒适便捷的慢行环境。

三、武汉

（一）治理目标

武汉地处江汉平原东部、长江中游，素有"九省通衢"之称。长江及其最大支流汉江在城中交汇，形成武汉三镇（武昌、汉口、汉阳）隔江鼎立的格局，市内江河纵横、湖港交织，水域面积占全市总面积四分之一，又被称作"百湖之城"。站在江汉交汇处，三岸好像也在搭台唱戏：武昌有白云黄鹤，汉阳有琴台知音，汉口未免稍失颜色。15世纪汉水改道，汉阳被一分为二，析出一个汉口，故汉口历史较前二者短。虽然晚出，却因为地理便利，汉口很快发展成重要的贸易码头，到近代开埠，汉口更是走在三镇前列了，因此也被誉为"东方芝加哥"。

过去几十年，随着武汉城市的快速发展，城市交通建设的变化可谓翻天覆地，城市道路建设、轨道交通建设、公共交通建设和跨江大桥建设等都取得了巨大的成就，极大提高了公众的出行效率，但过度依赖机动化出行的方式也面临着城市街区活力下降、慢行交通不畅、街道功能不完善、历史风貌缺失和公共健康问题等方面的压力和挑战。2016年以来，武汉市相继实施了中山大道、东湖绿道、黎黄陂路等街道改造工程，通过对城市街道、景观绿化、街道设施等要素的统筹设计，践行了以人为本的理念，并取得了良好的社会反响。

武汉正处于创新驱动发展的城市转型期，向着"现代化、国际化、生态化"的国家中心城市迈进。《武汉市城市总体规划（2017—2035年）》提出了把武汉建设成为"更具竞争力的创新城市、更高效便捷的枢纽城市、更富魅力的滨水文化名城、更以人为本的宜居城市、更可持续的安全城市"。立足于总规、土规和交规"三规同步、交规先行"的思路，同步编制了《武汉市综合交通体系规划修编（2016—2030年）》，提出了把武汉建设成为"国际枢纽城市和绿色出行楷模"的

目标。到2030年，武汉绿色出行比例达到80%左右（公交、慢行各占40%），打造活力街道、共享街道、绿色街道，以及品质街道。

（二）治理措施

1. 立足"江城"，特色发展

提升城市街道品质是城市转型发展的重要举措，武汉市新一轮城市总体规划提出建设以人为本的宜居城市，充分发挥"两江九水、百湖之市"这一全国独有、世界少有的资源优势，凸显"大江大湖大武汉"的城市景观风貌特色。

（1）建设滨水风光游憩带和历史人文景观走廊

武汉具有"两轴、两环、六楔、多廊"的生态框架。"两轴"即以长江、汉江和东西山系组成的山水生态轴；"两环"即以三环防护林带及其沿线湖泊和公园构成的生态内环，加上都市发展区外的大生态外环；汤逊湖、大东湖、后官湖、青菱湖、武湖和府河水系构成六个放射状生态绿楔；多条生态廊道串联起了六大生态绿楔。

（2）建设世界级的绿道

为打造"绿色江城"和宜居城市，提高城市品位和市民生活品质，为市民提供更多的生活游憩空间，并进一步改善自行车、步行等慢行交通环境，武汉不断加快推进城市绿道建设，并编制了《武汉市绿道系统建设规划》。明确了武汉绿道功能定位、建设目标、绿道分类和建设标准；规划绿道全长2200公里，其中主城区城市绿道长450公里，网络密度不低于1.0公里/平方公里；市域绿道长1750公里，其中主线长430公里，支线长1320公里。武汉绿道建设契合城市空间布局，实现了对城市生态系统的积极保护；串联城市公园绿地系统和旅游资源，引领绿色、低碳、健康生活；绿道与主城区交通系统相融合，提升慢行交通环境品质；并建立起系统规划—建设指引—分区建设规划的绿道实施规划体系和机制，促进了武汉城市绿道规划建设工作的有效落实。

值得一提的是武汉东湖绿道，它被联合国人居署列为"改善中国城市公共空间示范项目"。东湖绿道以创建"世界级绿道"为宗旨，以千年之作、传世经典的信念，以道串珠、把东湖打造成城市名片，让市民游客慢享生活，成为武汉打造宜居城市的闪亮名片。为建设东湖绿道，武汉市将之前收费的武汉东湖风景区和磨山风景区免费对公众开放，真正做到惠及全体民众，为武汉市政府点赞。

2. 以人为本、精心设计

街道设计是城市设计的重要管控对象，武汉市是住建部批准的全国城市设计试点城市之一，为了建设高品质公共空间，武汉推进街道设计从以车为本向以人为本转变，对街道进行精细化设计。为建设体现武汉城市特色并与国家中心城市和全球城市相匹配的"安全共享""舒适有序""生态特色"的高品质城市街道，精心编制了《武汉市街道全要素规划设计导则》，以街道全空间为设计对象，突破传统道路工程设计思维，对车行空间及步行活动空间进行统筹考虑，对车行道、人行道、建筑前区、微型公共空间、绿化带、街道设施等进行全要素、精细化设计，全面提升城市街道品质；转变以机动车交通单一属性的道路分级标准，综合地域特色、用地功能、街道活动、自然景观等要素，将武汉市城镇道路划分为交通街道、生活街道、商业街道、景观街道，以及历史风貌街道等五类；将城市街道划分为慢行空间、车行空间、交叉口空间、配套设施空间、绿化空间及活动空间等六大组成部分，并以此细分为40余种规划设计要素，分为控制性和指导性要素，控制性要素须在规划设计实施中传导和落实。

此外，通过建立严格的审查监管机制明确街道所涉及的刚性和弹性要素的管控要求，并作为强制性、约束性条件传导到下位工程设计和实施中；建立并实施督导机制，在城市街道改造中建立规划师全程参与工程规划、设计、实施全流程的制度，以确保工程精细化、人性化等刚性要素的有效传导和落实。

3. 科技助力、智慧交通

随着武汉智慧城市建设的推进，智慧交通建设也取得了扎实进展，以适应精明规划、精致设计、精细治理和精准管控的新时代要求。武汉在城市仿真实验室的基础上建立了武汉市交通仿真中心，这也成为武汉城市街道治理的"聪明大脑"和最强助力。同时，武汉积极推进智慧交通建设，以达成"一体化+全流程"的智慧出行服务。基于人流、车流、

物流，以及市政设施等大数据资源，推进"互联网+人工智能"的交通管控系统建设，提高运力衔接、通行效率和应急处理水平。建立集感知、通信和计算等为一体的智能路网体系，实现"人—车—路—云"高度协同，提升管理效能。

（三）治理经验

1.因地制宜、扬长避短

武汉充分发挥"两江九水、百湖之市"的自然环境优势，不断加强武汉绿道建设。不仅实现了对城市生态系统的积极保护，还串联起了城市公园绿地系统和旅游资源，更引领了绿色、低碳、健康生活。通过绿道与主城区交通系统相融合提升慢行交通环境品质，并建立起系统规划—建设指引—分区建设规划的绿道实施规划体系和机制，有效促进武汉城市绿道规划建设工作的有效落实。

武汉市吸取国内外城市街道治理的经验，结合武汉市街道现状情况，呼应武汉市民对公共活动空间的需求，总结武汉市街道建设经验，衔接武汉市规划管理需求，引导武汉市城市街道转变。制定了《武汉市综合交通体系规划修编（2016—2030年）》《武汉市街道全要素规划设计导则》《武汉市绿道系统建设规划》等规划文件和设计规范，做到因地制宜、扬长避短，走武汉特色发展之路。

2.整体谋划、统筹推进

在《武汉市城市总体规划（2017—2035年）》的引领下，制定了《武汉国土空间总体规划（2021—2035年）》和《武汉市综合交通体系规划修编（2016—2030年）》，创新引领的全球城市、江风湖韵的美丽武汉，并以1小时交通通勤圈为基础构建武汉大都市区，力争把武汉建设成为"国际枢纽城市和绿色出行楷模"。按照立足于总规、土规和交规"三规同步、交规先行"的思路，整体推进武汉的城市规划、国土空间规划和交通规划，全面统筹武汉交通与用地的和谐发展，统筹推进街道的规划、设计和建设，构建以人为本、充满活力的城市街道，提升人民在城市快速发展中的幸福感和获得感。

3. 强化过程、注重科技

在加强街道顶层设计的基础上，利用现代技术建立了武汉市交通仿真中心，提高了交通领域的治理能力和水平。并强化街道规划、设计、建设、管理和监督的全过程管理，建立严格的审查监管机制和实施督导机制，确保规划设计方案的有效传导、落实和建设施工过程的有序规范，切实提高城市街道的品质。

四、成都

（一）治理目标

成都地处中国西南地区，属亚热带季风性湿润气候，地势平坦、河网纵横、物产丰富、农业发达，自古以来就有"天府之国"的美誉。成都具有悠久而独特的历史，文化积淀极其深厚。在战国早期，今成都市中心可能就已经出现比较规范的古典城市。战国时期，蜀郡太守李冰在蜀人治水事业的基础上主持修建了都江堰水利工程。都江堰把成都平原造就为富饶的"天府之国"，为成都城市的发展奠定了物质基础，使成都迅速成为西南地区的经济、政治、文化中心。五代前、后蜀和两宋时期，成都的繁荣再一次达到鼎盛，后蜀主孟昶曾下令在成都城遍植芙蓉，成都故此得到"蓉城"的别称。1928年，成都将市政公所改组为成都市政府，成都市为省辖市、省会。1949年12月，成都解放，始为川西行政公署驻地。1952年，行署撤销，恢复四川省建制，成都市为四川省省会至今。

也许是因为成都得天独厚的气候和地理条件，成都常年保持着慢节奏的生活方式，当地人经常把"巴适""安逸"挂在嘴边，成都连续12年被评为"中国最具幸福感城市"。近年来，成都提出了打造公园城市的目标，以青山为底、以江河为脉、以绿道为轴，全方位构建成都公园城市形态体系，让城市宜游宜憩、可感可及。

在进一步深化对公园城市理念内涵认识的基础上，成都提出城市发

展模式要从"产城人"转变为"人城产",从"城市中建公园"转变为"公园中建城市",从"空间建造"转变为"场景营造"。先后出台了《成都市美丽宜居公园城市规划（2018—2035年）》和《成都市公园规划设计导则》。为打造与公园城市相匹配的城市街道，《成都市公园城市街道一体化设计导则》应运而生,并于2020年1月获成都市政府批复。该导则将公园城市理念融入街道的一体化设计之中,提出了"建设以人为本、安全、美丽、活力、绿色、共享的公园城市街道场景",将成都街道打造成为承载公园城市美丽宜居生活场景的重要载体。并通过加快推进天府绿道体系建设,以绿道承载街道慢行空间,促进城市慢行系统优化完善。

（二）治理措施

1. 摸清底数、厘清思路

如何建设公园城市？如何进行公园城市街道一体化设计？这些问题都无先例可循。故而,成都首先对其城市街道的现状进行了全面的总结、梳理和分析,从设计理念、慢行安全、街道管理、景观绿化、人文特色和形态风貌六个方面着手,摸清底数、找准短板。针对成都存在的以人为本不到位、慢行系统不完善、管理机制不顺畅、景观绿化欠统筹、人文特色不突出和形态风貌不协调等问题,同时借鉴纽约、伦敦、新加坡和北京、上海等国内外城市的经验和做法,结合成都打造公园城市的愿景,厘清工作思路：结合成都的气候特点、地域特征、居民的生活习惯和出行习惯,融入天府地域文化特点,将成都街道打造为以人为本的、适应当地自然候条件的开放空间和满足居民生活需要的多元活力场所。以此为基础,建立成都公园城市的街道规划、设计、建设、管理和监督的一体化协同机制,在统筹上下功夫,在重点上求突破,回归城市建设的初心,着力提高城市发展的持续性和宜居性,全方位构建成都"人、城、境、业"高度和谐统一的城市形态。

2. 明确目标、精心设计

贯彻以人为本的理念,按照成都"公园中建城市"和"场景营造"

的城市发展模式。在明晰工作思路的基础上，转变街道的治理理念，即从街道的工程设计转向街道的景观设计；从机动车交通转向绿色交通；从街道设计转向街区场景营造；从重视街道的地上空间设计转向街道的地上地下设计并重；从道路红线设计转向城市街道一体化设计。

成都特别强调将街道打造成为承载公园城市美丽宜居生活场景的重要载体。从居住、工作、游憩、交通等居民的日常活动出发，打造生活型、商业型、景观型、交通型、产业型和特定类型等六种街道场景。建设安全、美丽、人文、活力、绿色和智慧街道。《成都市公园城市街道一体化设计导则》通过对成都街道进行详细的分类，提出不同类型街道的设计要素和场景营造方法和实施建议。

3. 明确职责、确保实施

为保证成都公园城市街道一体化建设的有序推进及后序的实施和管理，成都成立了市区（市、县）两级公园城市街道一体化工作领导机制。实行市级重点街道和区级街道两级管理体系。市级相关部门负责牵头组织市级重点街道一体化设计方案审查、实施建设和维护管理工作。各区（市）县政府、管委会负责本辖区内区级街道的方案审查、实施建设和维护管理工作。市级相关部门按照街道一体化理念要求，探索制定机动车城市街道停车、街道分时段使用、街道共享单车、街道市政设施、建筑后退空间土地利用、街道社区治理、街道建设资金保障等相关配套政策。

4. 智慧交通、"三管齐下"

2019年，成都市智慧治理中心成立，2022年，成都要全面建成智慧交通体系。从治理"城市病"源头、增加交通承载能力和提升文明交通素质三方面着手，全面构建成都智慧交通体系，实现基于交通大数据的智能交通管理决策体系。智慧交通的施行使车辆管控效率提升了约500%，违章纠察减少了约80%的人力，从而提升了交通管控与服务水平；交通通行效率提升了约15%，从而有效疏导交通、缓解城市交通压力，从"蜀道难"变为"蓉易行"，公众出行舒适度和幸福感获得了提升。同时，并以智慧交通建设助推成都公园城市街道一体化建设。

（三）治理经验

1. 以人为本，特色牵引

成都坚持以人为本的主基调，根据地域气候条件，在全国率先提出了建设公园城市的愿景并出台了一系列的政策规划和标准规范。结合成都的气候特点、地域特征、居民的生活习惯和出行习惯并融入天府地域文化特点，将成都街道打造为以人为本的、适应当地自然气候条件的开放空间和满足居民生活需要的多元活力场所。以此为基础，建立成都公园城市的街道规划、设计、建设、管理和监督的一体化协同机制，助推成都公园城市的建设，城市形态和谐大美，城市生态价值充分彰显，人与自然和谐共生发展格局基本形成。

2. 民生为本，场景营造

成都围绕群众日常的居住、学习、工作、游憩和交通等活动的特点，强调将街道打造成为承载公园城市美丽宜居生活场景的重要载体。提出了街道要从"空间建造"转变为"场景营造"，从民生出发，从老百姓的需要出发，体现出人性化的城市治理理念，成效显著，城市品质宜人宜居宜业，创新创造的新场景不断涌现。

3. 科技为本，智慧出行

成都充分将"互联网+"、大数据、人工智能、区块链等现代科学技术，全面构建成都智慧交通体系，实现了基于交通大数据的智能交通管理决策体系；提高了车辆管控效率、交通通行效率和交通管理控制与服务水平；有效疏导交通、缓解城市交通压力，公众出行舒适度和幸福感获得了提升，并以智慧交通建设助推成都公园城市街道一体化建设。

五、常州

（一）治理目标

常州，别称龙城，是一座有着3200多年历史的文化古城，隋文帝开皇九年（589年）始有常州之称，于1949年设市。现在是江苏省13个省辖市之一，处于长江三角洲中心地带，与苏州、无锡联袂成片，构成"苏锡常"都市圈，户籍人口386.63万人，城镇化率72.5%。

近年来，常州先后获得全国文明城市、国家卫生城市、国家森林城市和国家生态城市等称号。同时，在"体育即民生"理念的引领下，常州将发展体育事业作为推进健康常州建设的重要内容。对标"十四五"，常州围绕"优质、均衡、普惠"目标，举全市之力，加快建设"设施更普及、组织更健全、活动更丰富、服务更优质、群众更满意"的公共体育服务体系，全面提升公共体育服务水平。率先在全省建成的"10分钟体育健身圈"，结合生态绿城建设、体育惠民工程等民生实事项目，相关部门整合现有资源，发动社会力量，精心规划、设计了一批群众身边的健身设施场地。常州通过优化运动健康环境、提升运动健康服务等举措，打造国家运动健康城市的"常州样本"。截至2020年底，常州拥有体育场地22458个，其中体育场28个、体育馆28个、室内外游泳馆（池）233个、乒乓球房（馆、场）2831个、健身房（馆）1363个、篮球场（含三人制篮球场）4165个、城市健身步道2378个、全民健身路径6774个、其他体育场地4658个。年内新增体育设施面积2034.2万平方米，人均拥有体育设施面积4.3平方米，所有数据在全国遥遥领先。

2021年3月印发的《常州市美丽宜居城市建设综合试点实施方案》提出了到2025年"建成地域特色彰显、基础设施完善、生态环境优美、社会共建共享共治的现代美丽宜居示范城市"的目标，提出"落实窄密路网理念，优化提升城市街道，以河道、绿地、历史文化为脉，构筑开放便捷的城市公共开放空间体系"。

（二）治理措施

1. 积极利用街道消极空间建设体育公园

常州积极利用城市街道中的消极空间、废弃空间改造成社区体育公园。比如位于三堡街南侧、中吴大桥南引桥下的社区体育公园，原本是一块未经梳理的街道空地，通过科学合理地设计，将立交桥下裸露的地面通过铺设人工草皮、增加围网进行合理分割，改造为群众亟须的进行

篮球、足球、乒乓球等运动场地，方便群众就近锻炼。

为进一步提升常州生态绿城的建设品质，丰富生态绿城的建设内涵，倡导大生态、大健康、大融合的发展理念，常州将社区体育公园的建设作为为民办实事的重点项目之一。常州将社区体育公园作为城市体育公园在社区一级的延伸和拓展，结合公园绿地、城市开放空间，因地制宜地设置户外体育运动锻炼设施和场地。选址地块的规模有大有小，新建的规模大到2万平方米，小的也有1000平方米。可以说，社区体育公园既是社区小型运动场地、健身房的延伸，又是市级、区级大型运动场所的补充，其中一部分利用现有公园绿地提升改造，一部分与新建公园绿地结合增加优化体育运动功能。而且与常规的公园绿地相比，突出了体育健身的需求，增加了运动场地的功能。常州社区体育公园的选址以与居住社区紧密连接为原则，在不扰民的基础上，提升其选址的可达性。在建设过程中充分利用现有的街头绿地和公园，进行新建和改造，增加体育场地设施，建成了一系列各具特色、环境优美、安全舒适的社区体育公园。常州社区体育公园实现了常州全域建设，布点向城郊和乡镇拓展，增加了外围乡镇地区的布点，实现城乡统筹均衡，让当地居民也可以就近享受休闲健身。外围乡镇的居民健身休闲需求同样蓬勃，相对于市区，城区外围以及乡镇在场地方面更有空间承载，未来服务人群也更加集中。

2. 积极利用街道串联起"10分钟体育健身圈"

随着全民健身工作的不断推进，市民对体育健身设施场地需求增多，依托生态绿城建设、体育惠民工程等民生实事项目，相关部门整合现有资源，发动社会力量，精心规划、设计了一批群众身边的健身场地和设施。常州率先在全省建成了"10分钟体育健身圈"。通过改造街头绿地、街道边角地，升级现有的公园，打造出一批集绿色景观、历史文化、游乐休闲和运动健身于一体的复合型体育公园和健身步道。把健身步道与城市慢行道建设相结合，并串联起全民健身中心、体育公园、健身路径和其他健身设施场地，形成了方便居民健身锻炼的"10分钟体育健身圈"，为常州居民日常进行体育锻炼和身体活动提供了场地保障。

3. 积极开展交通畅行专项治理

（1）交通综合治理专项行动

健全完善城市交通联动共治机制。加强党委领导，政府主导，充分发挥市"城交委"在城市道路交通规划、建设、管理上的统筹协调作用，推动相关部门各司其职、协同配合、落实责任，建立健全城市道路交通综合治理体系；推动各辖区成立城市道路交通委员会或联席会议，强化属地责任落实，履行突出动态交通问题整治、静态交通环境治理、拥堵区域路段路口改造等主体职能，推动地方立法解决交通管理难题。

（2）交通建设优化专项行动

改善城市道路交通设施，加快环路、放射道路建设；落实"窄马路、密路网"的城市道路布局理念，加大次干路、支路、街巷建改力度；加强停车设施建设和管理，合理配置停车资源，加强停车需求管理，加强停车收费调节。加强人行道和非机动车道的规划和建设，加强非机动车的停放管理，保障行人和非机动车安全顺畅通行。

（3）交通组织提升专项行动

实施分类、分时、分段交通管理，综合采取单向交通、禁止左转、禁止掉头等管理措施，合理均衡城市道路交通负荷。优化路口交通组织，开展路口交通组织和交通信号控制协同设计；优化道路交通管理设施；推进道路交通管理设施标准化一体化建设；深化交通堵点乱点治理。

4. 积极推进智能交通建设

常州将智慧交通建设作为智慧城市建设的重点内容。依托常州市政务信息共享平台和政务大数据，整合城市交通设施、交通客流等九类交通信息资源，进行交通大数据的深度开发和应用；建设完善交通智能感知系统；建设完善交通智能控制系统，应用交通仿真等技术手段实现交通信号控制自动调整；创新应用交通智能管理手段；建设道路交通设施运维智能监管系统；优化城市交通出行诱导服务；推广应用智慧停车系统。

（三）治理经验

1. 体育"融城"，街道助力

常州正在打造国家运动健康城市的"常州样本"，率先在全省建成的"10分钟体育健身圈"，结合生态绿城建设、体育惠民工程等民生实事项目精心规划，设计了一批群众身边的健身设施场地。利用高架桥下、街头的绿地和空地进行新建和改造，以增加体育场地设施，建成了一系列各具特色、环境优美、安全舒适的社区体育公园。此外，把健身步道与城市慢行道建设相结合，用街道串联起全民健身中心、体育公园、健身路径、健身步道和其他健身设施场地，形成了方便居民健身锻炼的"10分钟体育健身圈"。

2. 交通畅行，治理助力

常州不断提升交通治理能力，通过创新理念、机制和方法，集中力量解决城市道路交通管理的突出问题。坚持政府统筹，构建属地为主、部门推动、条块结合、齐抓共管的工作机制，打造共建共治共享的城市道路交通社会治理格局；倡导公交优先、绿色出行，优化绿道、公共自行车等慢行交通，纾解出行压力。按照"什么问题突出就治理什么问题"的原则，探索交通治理的有效措施。坚持法治思维、法治方式整治城市交通堵点、乱点，运用大数据、物联网等信息化手段，实现城市道路交通管理的智能化、精细化、规范化。

3. 智慧交通，科技助力

常州与互联网地图导航公司、交通工程专业院校、智能交通领军企业等进行合作，综合评估城市路网交通运行状态，分析研判交通违法分布规律、交通警情升降变化和民警执法勤务质态等，预测交通态势、预警交通异常，指导治堵治乱、支撑科学管理、监督规范执法；建设完善交通智能控制系统，应用交通仿真等技术手段，实现交通信号控制自动调整；建设道路交通设施运维智能监管系统，对信号控制、流量采集、电子警察、视频监控、信息发布等内外场设施设备全面建档、监测，实时掌握设施设备底数和运行质态，智能分析诊断数据质量；推广应用智慧停车系统，建设全市统一的"智慧停车平台"。

六、沧州

（一）治理目标

沧州是河北省地级市之一，因濒临渤海而得名，地处广袤无垠的冀中平原东部，地势低平，起伏不大。北魏孝明帝熙平二年（公元517年）设立沧州。清雍正七年（1729年），沧州改为直隶州，辖盐山、庆云、南皮等县。1913年，沧州改称沧县，属直隶省渤海道。1947年6月，设立沧市。1949年8月设沧县专区，沧市改称沧镇，为县级镇。1953年，沧镇改为县辖镇。1961年6月1日，恢复沧州专区及沧州市。沧州市优先承接京津的产业转移，是京津冀的功能核心区，在促进环渤海环京津区域开发开放大局中具有重要地位。沧州是典型的中等城市，历史文化悠久，是著名的"武术之乡""杂技之乡"，也是世界文化遗产京杭大运河流经区域中里程最长的城市。

沧州市主城核心区面积较小，人口密度较高，现有路网条件良好，适宜步行和自行车出行。沧州因河而兴，沧州的母亲河——京杭大运河蜿蜒流经市区，为城市慢行出行增添了不少趣味性和吸引力。沧州市充分利用其紧凑的老城区格局和运河塑就的景观本底，进行具有前瞻性、包容性的城市规划，并结合其历史文化传统，走出了一条具有沧州特色的步行友好建设之路，沧州市民的步行和自行车出行的比例一直维持在较高水平。沧州在2015年自然资源保护协会发布的《2015中国城市步行友好性评价报告》所选取的17个城市中，安全性得分是最高的。

沧州充分利用当地的自然和历史人文资源，加强全市旅游体系和旅游城镇建设，打造运河、武术、杂技三大文化品牌。2016年8月开始实施的《沧州市城市总体规划（2016—2030年）》提出延续"运河古郡、渤海狮城、锦绣平原、水脉纵横"的传统城市风貌格局，塑造高品质、特色化的城市空间，凸显城市特色。建立城市公共交通高度发达、步行与自行车交通高度便捷、多模式一体化和安全高效的城市交通服务系统，缓解城市拥堵、优先发展公共交通、推行绿色交通，实现畅达、低碳、

智能的城市交通发展目标。

（二）治理措施

1. 慢行设施建设与步行文化的有机结合

沧州拥有适宜慢行交通的城市基础设施，以及根植于历史传统的步行文化，这些特色在近期的规划中都得到了体现和保留。沧州市主城区道路的自行车道配建覆盖率达到95%，超过60%的城市道路拥有通过绿化带和栅栏隔离的独立自行车道，在沧州主城区，三块板的道路建设十分普遍，有效实现了机动车与非机动车的分离行驶，保证了非机动车的路权和行驶的安全性。在此基础上，沧州在老城区内要求宽度在35米以上的道路建筑两侧建筑后退线距离为15米，35米以下道路建筑后退线10米，并严格执行，这为人行步道和园林绿化留足了空间。

沧州市还拥有良好的步行传统。每年农历正月十六日的晚上，沧州城区都会举行当地传统民俗活动"溜百病"，全城禁止小汽车通行，只允许步行。市民走上街头，将代表疾病的硬币抛出，将来年的坏运气"溜掉"。这种古老的风俗正逐渐演变成为一种崇尚步行的文化，在民间流行。

科学的规划和合理的改造保证了沧州在步行友好上始终保持其特色。沧州编制了《沧州市主城区道路交通畅通发展规划》并开展步行和自行车交通专项规划。其重点在于充分考虑行人、骑行者的多元出行需求，充分利用城市支路、街巷构建步行和自行车交通优先的街道网络，实现交通空间的人性化分配与优化。近年来，为配合创建国家园林城市和大运河申遗，沧州市相继进行了街巷的低成本改造和主城区运河两岸慢行系统的整治改造工作，增设体育设施、休闲设施和文化设施，改善植被种类和布局，丰富植物的季相变化，提高植物的景观观赏性，营造适宜步行的绿道长廊。

2. 保持步行空间的活力和特色

沧州市在建设和改造城市慢行系统的过程中，尊重本地市民的生活方式，对小摊贩集中的路段进行人性化的疏导管理，既维护了群众利益，又保证了城市步行空间的活力和多样性。在整治步行系统时，沧州并没有因为追求城市街道的整洁形象而牺牲沿街小摊贩的生存空间，而是通过小街小巷的低成本改造、自行车道的分时使用（夜市）、沿街摊贩疏导管理等措施综合推进，使具有当地特色和生活气息的街道及其活动得到了保留。通向大运河的干路——解放路两侧有与机动车道分离的宽阔自行车道，是日间通勤的要道，而到了自行车流量稀少的夜间则被开辟成了夜市。沿街的摊贩和步行的人流形成了有序而热闹的生活氛围。市容城管部门灵活利用自行车道的做法，满足了不同时段不同的慢行需求，同时也为小摊贩提供了生存空间，这无疑是一种人性化的疏导管理方式。

光荣路的沿街摊贩整治是人性化疏导管理的又一典型案例。光荣路浮阳大道至朝阳大道两侧分布有经营蔬菜、水果、日用杂货、小吃的商贩。改造前各摊点没有统一规划，时常会发生抢占地盘的现象；小吃摊周围塑料袋、包装纸和水果蔬菜摊点留下的烂菜叶、水果皮，使街道狼藉一片；小贩们随意私搭乱建，导致了道路两侧脏乱不堪，道路拥堵的现象十分严重。改造后的光荣路南侧规划为统一的敞篷式摊位，主要经营水果、蔬菜、日杂等。统一建设后，每个摊位都配置有独立的水电，而且有专门的物业进行统一管理，对小摊贩沿街经营、阻塞街道的行为进行疏导性管理。这些做法对于现阶段我国许多城市都有借鉴意义，因其在提高步行的舒适性的同时保证了居民生活的便利性和摊贩的生存权利。城市规划与城管部门应从本地居民和商贩的需求出发，对步道进行人性化的规划和管理，尽可能地保留地方特色及街道的生活气息和活力。

值得注意的是，为了疏导步行空间，从2003年开始，沧州市规划即要求宽度在40米以上的城市道路以三块板的形式建设，此后这一规定在历版规划中都得到保留，后形成了特色鲜明的道路形式。三块板道路通过绿化带有效分隔了机动车和自行车道，保证了骑行者拥有安全舒适的慢行空间。公共部门将公共空间的使用权从私人占用中收回并建立新的租赁契约，在初期需要一定的管理和资金投入，后期还要有持续的严格管理和维护，这些都需要城市管理部门充分发挥自身智慧和人道关怀，才能将疏导治理和人性化管理的目标贯彻始终。

3. 高效的部门协调与广泛的公众参与

在步行友好性建设上，沧州市政府各职能部门能够相互协调配合，政府也比较了解和重视市民的意愿，沧州市各职能部门之间协调沟通较为顺畅。从建设改造项目的规划阶段开始，城管、住建、园林、交通、公安、市政、发改等相关部门就被召集到一起共同商议，为改造方案出谋划策。从项目一开始就建立起部门间的协调合作机制，有效避免了日后在实施过程中产生矛盾和问题。为提高步行规划的合理性，沧州市政府注重公众参与和群众意见的采集。通过沧州市规划局网站、街头问询、登报调查三种形式，以生动活泼的排序游戏（如用扑克牌红牌、黑牌的形式表示），评选出沧州市民最喜闻乐见的街道活动与最期待解决的街道问题，调查结果用来指导政府的街道环境规划设计。

沧州的步行友好建设经验可概括为：充分利用中小城市适宜步行的道路基础设施和文化传统；在尊重当地特色的基础上进行低成本、人性化的步道疏导管理；发挥中小城市职能部门之间沟通协调高效便利和易于调动公众参与的优势。与我国许多中小城市一样，沧州的步行友好性正面临城市规模扩大和机动车保有量上升的压力。随着京津冀一体化进程所带来的更大力度的产业承接转移，沧州市主城区将加大开发力度，主城区用地和人口规模都将扩大。在此过程中，机动车数量将持续增加，停车难问题和机动车路权的不断扩张将对慢行系统形成持续压力。目前，沧州市正在编制"畅通交通规划"和"步行与自行车专项规划"以应对城市发展对交通系统造成的压力。

（三）治理经验

1. 文化引领、促进步行

沧州市拥有良好的步行传统。每年农历正月十六日晚上，沧州城区都会举行传统民俗活动"遛百病"，全城禁止小汽车通行，只允许步行，市民走上街头，将代表疾病的硬币抛出，将来年的坏运气"遛掉"。这种古老的风俗正逐渐演变成为一种崇尚步行的文化，在民间流行。科学的规划和合理的改造保证了沧州在步行友好上始终保持其特色。

2.加强治理、保持活力

沧州市在建设和改造城市慢行系统的过程中，充分尊重本地市民的生活方式，对小摊贩集中的路段进行人性化的疏导管理，既维护了群众利益，又保证了城市步行空间的活力和多样性；通过平衡职住降低跨区出行需求，完善停车设施，改善慢行环境，静化城市交通；优先发展公共交通，提高公交服务水平，形成快速公交和普通公交相结合的公共交通体系；推行绿色交通，结合用地功能调整，改善步行与自行车出行环境，保持街道的活力。

3.公众参与、部门协同

沧州市政府各职能部门能够相互协调配合，政府也比较重视和了解市民的意愿。沧州市各职能部门之间协调沟通较为顺畅，从建设改造项目的规划阶段开始，城管、住建、园林、交通、公安、市政、发改等相关部门就已被召集到一起共同商议，建立起部门间的协调合作机制。并通过多种方式进行公众参与和群众意见的采集，群策群智，提高了城市街道规划设计的合理性和科学性。

七、株洲

（一）治理目标

株洲，古称"建宁"，湖南省辖地级市，是长株潭城市群的重要一极。自南宋绍熙元年（公元1190年）正式定名后，株洲之名一直沿用至今。

株洲的兴起源于20世纪50年代中国火车线路的发展，它是我国中部地区重要的重工业基地，是"一五""二五"期间的重要建材、港铁、机械、化工中心。大量国有重工业基地建设为这座城市的规划布局、人口与产业结构奠定了基础的同时，也给株洲带来了较为严重的污染。

作为历史上知名的工业重镇，近年来，株洲正面临着重工业外迁、产业转型的压力。城市中心区传统商业街区、居住区虽已具备宜人的尺度，但活力与环境品质呈现逐渐衰退趋势；街道规划设计不合理，不

仅影响城市风貌美观，更抑制了城市内生的经济活力，降低了市民满意度。尽管株洲市私人小汽车出行分担率仅为13%，但私家车保有量持续增长、"车轮上的文化"与传统道路工程设计误区三者叠加，对株洲城市街道产生冲击。73%的城市绿色出行群体仅占有大致1/4的城市街道，且多数行人、自行车空间也被小汽车停车所侵占。株洲传统崇尚以人为本的小街小巷街道肌理正在逐步被粗放式的道路拓宽所取代，不仅丧失了街道特色，也抑制了广大市民绿色出行的需求，更助长了对私家车的依赖，形成交通拥堵的恶性循环。

株洲市作为湖南省13个地级市之一，市区拥有124万常住人口、145平方千米建成区面积，是典型的中部城市，可视为中国三、四线城市的"大众"代表。借助对现有街道公共空间的存量改造与优化，促进沿街业态转型与城市更新，可以重塑传统老城区的活力与吸引力，促进第三产业发展并形成新的经济增长引擎。为提升株洲城市街道的治理水平，让人与人的交流回归城市，打造充满活力、生态宜居的城市公共空间，株洲市规划局联合世界资源研究所中国项目部、株洲市规划设计院和同济大学在2018年研制了基于"完整街道"理念的《株洲街道设计导则》，提出建设"更安全的街道、更绿色的街道、有活力的街道和以人为本的街道"的治理目标，通过近几年的实施取得了较好的效果。

株洲这一传统的老工业城市不仅成为国家交通管理模范城市、国家公交都市建设示范城市，还成功创建了全国文明城市、国家森林城市、国家园林城市，国家卫生城市并获评"中国人居环境范例奖"。

（二）治理措施

1. 引入"完整街道"概念

"完整街道"概念兴起于20世纪70年代的美国，21世纪在全球发达城市得以普及。其旨在鼓励依赖小汽车出行的大众回归步行、自行车或公共交通出行，同时也强调街道作为公共生活的场所对城市生活各方面的带动作用。完整街道是对现有机动车为主导的狭义道路工程设计范式的转变，主要体现在以下三个方面：

一是从"以车为本"向全面关注人的交流和生活方式转变。考虑到街道中不同人群的出行目的和出行方式的多样需求，为步行、非机动车、公共交通和机动车等交通方式提供多样的选择和高效运行的网络；提供包容性设计、通行优先权、交通稳静化、强化执法等多项措施，给街道使用者，尤其是老人、儿童与特殊人群创造一个相对安全与公平的环境。

二是从道路工程设计向整体空间环境设计转变。街道不仅是"道"，而且是"街"，它涵盖了沿线建筑立面及退界空间。应将城市街道、沿街建筑界面，以及其退界空间、附属设施进行一体化设计（统筹、集约功能与设施），提升街道活力，营造有利于慢行与驻足的场所。

三是从强调机动化交通功能向促进城市街区发展转变。街道是城市用地中面积最大的公共空间，街道作为公共场所的功能往往被工程师忽视而过度地强调机动化交通。街道设计需要充分考虑道路交通与周边用地、建筑功能的关系，以及生态景观、历史风貌的兼容性，发挥增进社区融合、激发地区活力和促进经济繁荣的作用。

近年来，株洲市牢牢把握"两型社会"建设、长株潭城市群规划实施等契机，努力向低碳生态的发展模式转型。和其他城市一样，小汽车拥有和使用的快速增长为株洲市民出行方式带来了巨大的改变。株洲市领导层意识到了这一问题，故而将慢行交通建设放在了城市发展的重要位置，努力为株洲打造一张低碳、绿色交通的新名片。无论是城市空间尺度，还是传统街区人性化的街道肌理，以及依山傍水的自然环境，株洲均为"完整街道"概念在中国扎根提供了得天独厚的条件。

"完整街道"通过撼动传统"车本位"中道路工程设计范式，确保人在街道中的绝对优先权，通过合理设计，塑造安全、充满活力、绿色、以人为本的城市空间。自中央城市工作会议召开以来，我国越来越多的城市意识到街道作为公共空间的重要性，并充分认识到小汽车的过度发展对城市交通、经济活力、社会公平、环境与资源等可持续发展带来的种种负面影响。"完整街道"理念也借此在中国城市中逐步得到接受和认可，并且得到缓慢的试点落地，但这些基于"完整街道"理念的实践仍集中于一、二线沿海城市，鲜有应用到三、四线城市中。

城市街道关系到每个市民的日常生活，其设计与实施的失误，不仅会影响城市风貌美观，更会抑制城市内生的经济活力，降低市民满意度。株洲各界就"完整街道"概念达成了共识，加强跨部门协作，因地

制宜地推动城市街道从交通功能和效率主导向交通、生活与经济活动并重转型，街道设计从工程技术主导转向综合性的城市公共空间设计，让人与人的交流回归城市，致力于打造充满活力、生态宜居的城市空间。

2. 以问题为导向营造慢行环境

株洲市的城市慢行系统规划以及相关专项规划，以大量实地调研为基础，以实际问题为导向，在其编制过程体现了诊断问题、解决问题的原则。株洲市规划院对城市主要道路进行了出行特征、流量分布、车速特征的测算，进而诊断了株洲市步行道系统中人行道占用、停车、过街设施绕行距离过长、人行道过窄、商业区人车冲突严重等问题。株洲市对重点区域的功能定位与交通优先权重进行了划分，将其分为步行独享区域、步行和自行车交通共享区域、交通枢纽周边区域、城市综合体、文教区域、居住区域和一般区域，并对这些区域的步行分担率依次划定了要求。此外，对自行车停车设施，行人过街设施，跨江、跨港、跨铁路慢行专用通道都给出了详细的技术标准与改造进度表，以提升株洲市的慢行环境。

3. 利用环境优势营造慢行环境

充分利用株洲山地城市和江河水系的特点，因地制宜地进行街道的规划布局。充分考虑街道与山、水的空间关系，提升株洲依山傍水的景观品质，彰显地理自然特征，禁止城市街道侵占山体和水系等自然空间。与国内一些临河临江城市一样，湘江环绕株洲市区蜿蜒流过，形成了难得的两岸江景。株洲市政府充分利用这种资源，在湘江沿岸建设起"湘江风光带"，串联起沿岸的自然和人文景观，打造出安全、亲民、舒适的慢行环境。

首先，政府严格遵守城市"蓝线规划"，沿江规划蓝线两侧新建建筑物及构筑物，其后退湘江规划蓝线的距离严格按较高的防洪安全标准拟定和实施，保证了整座城市的安全，同时也为市民创造了安全的慢行环境；第二，市民有机会共享优质的慢行环境和开放空间，体现了其包容性和公平性。贯穿湘江沿岸的城市步道和自行车道为株洲市民提供了生活休闲、游憩娱乐以及交通通勤的良好条件。除了慢行环境的营造，湘江沿岸保护范围外还开发了一些密度适中的居住区。把风景优美、区位良好的沿江地块优先用于公共空间的开发，体现了包容性的规划与发展理念；第三，株洲市慢行路网规划设计坚持高标准、高起点，使道路质量、宽度和连通性有了保障，给慢行者带来更为舒适的体验。

（三）治理经验

1. 街道更新、理念先行

每个城市都面临着街道的新建、更新和改造问题。株洲并没有盲从，而是认真吸收借鉴国内外的经验，引入了"完整街道"的概念，并根据自身条件建立了一套符合株洲本地特征的街道分类体系，综合考虑街道的环境属性，分区分类地对街道的新建和更新提出规划引导和管控要求，让街道更加丰富多样，并能反映株洲当地的历史文化与生活方式，营造独特的城市风貌和宜居的生活环境。

2. 问需于民、精准治理

株洲市的城市慢行系统规划以及相关专项规划都以大量调研为基础，以实际问题为导向，问需于民，切实解决人民群众所思、所想、所盼的问题，体现了诊断问题、解决问题的原则。

3. 因地制宜、慢行优先

充分利用株洲山地城市和江河水系的特点，因地制宜地进行街道的规划布局，充分考虑街道与山、水的空间关系，提升依山傍水的景观品质，彰显地理自然特征。

总而言之，以上7座城市城市街道治理视域下的运动健康促进经验可总结为以下四个方面：

一是突出以人为本的街道治理理念。各个城市的城市街道治理都在从"以车为本"向"以人为本"过渡，从仅关注街道的交通功能转向全面关注街道与人的生活，充分挖掘和发挥街道的公共空间属性，激发城市活力，促进居民主动式出行。

二是突出规范有序的街道治理措施。各个城市均注重从顶层设计出发，出台了相关的政策文件和规范标准，在城市街道治理中能够依法依

规地指导、规范城市街道各要素的规划、设计、建设和管理。

三是突出因地制宜的街道治理方式。每个城市都有其政治、经济、社会、历史、文化、地理特点，以上城市在街道治理中能准确把握自身的城市发展定位，明确街道治理的目标，走特色发展之路。

四是突出智慧交通的街道治理手段。国内许多城市都把智慧城市建设提上了议事日程。智慧城市建设最直观的体现就是智慧交通的建设，这也是未来街道治理的趋势之一，国内一线城市和各省会城市明显已经走在了前列，其他城市也正在朝着"智慧城市、交通先行"的方向努力。

本章第一节全面总结梳理了我国城市街道治理视域下的运动健康促进现状，第二节选取了7座城市街道治理经验进行案例研究，梳理了各城市街道治理的目标、措施和经验，结合下一章域外经验的研究，为后续研究中提出我国城市街道治理视域下建立运动促进健康新模式的路径提供坚实的理论支撑和实践依据。

第五章

守正创新：我国城市街道治理视域下
建立运动促进健康新模式的路径

改革开放以来，特别是进入21世纪之后，我国城市飞速发展，路越修越多、越修越宽，高楼大厦、城市高架甚至成为大城市的代名词。也许是因为中国历代恢弘的皇城和对广袤土地的渴望，造就了国人根深蒂固的对"大"的追求。从房子、车子到马路、广场，都以大为荣、以大为尊，这样才有"面儿"，从平头百姓到政府官员都普遍存在这种观点。这种对"大"的追求反映在城市街道上则是"人的尺度"的缺失和对机动化出行的崇尚，其结果就是公众出行方式和生活方式的改变，从而影响到公共健康。

2016年2月颁布的《中共中央 国务院关于进一步加强城市规划建设管理工作的若干意见》提出了促进土地节约利用，推广"街区制"和树立"窄马路、密路网"的理念。但在实际执行中，不管是"街区制"还是"密路网"都面临执行滞阻的问题。2020年我国机动车保有量已达到3.6亿，很多城市都面临交通拥堵、资源枯竭、空气污染、人居环境恶化和身体活动不足等现代"城市病"蔓延的问题。

美国历史学家斯皮罗·科斯托夫说："无论城市在初步形成时多么完美，它的建造都永无休止。"在城市这种无休止的建造过程中，街道永远都是主角。关于"车本位"和"人本位"的讨论在前几章中已有结论，故不再赘述。以人为本、慢行优先、健康促进成为追求速度、效率和成本以外的关键考虑因素之一。如何平衡城市街道治理的健康效益与经济效益、社会效益和生态效益的关系成为我国下一阶段城市街道治理的重点和难点，这也是本章研究的重点。

习近平总书记在2020年9月22日召开的联合国大会上表示，我国"二氧化碳排放力争于2030年前达到峰值，争取在2060年前实现碳中和"。巧合的是，习近平总书记在同一天出席的全国教育文化卫生体育领域专家代表座谈会上发表重要讲话时强调："要推动健康关口前移，建立体育和卫生健康等部门协同、全社会共同参与的运动健康促进新模式。"机动车出行是碳排放的重要来源之一，目前我国有多少公众存在开车"有面儿"、骑车"掉价儿"的心理我们不得而知，但国内外的大量研究和实践证明主动式出行不仅低碳环保，更能促进人们的健康。

建立运动促进健康新模式，实现把运动健康促进作为一种生活方式贯穿于整个生命周期，有必要拓宽视域，在推进体医融合共生的基础上，探寻健康关口前移的新的落脚点。

街道是城市中占比最大、最重要的公共空间，对促进居民身体活动和健康有着不可或缺的重要作用。2019年6月印发实施的《健康中国行动（2019—2030年）》提出的15个专项行动中，"健康知识普及""全民健身""心理健康促进"和"健康环境促进"等行动均可在城市街道治理层面开展。《体育强国建设纲要》也把"加强城市绿道、健身步道、自行车道"建设纳入全民健身场地设施建设之中。当前，要坚持"大健康观""大体育观"，按照"健康入万策"的思路，把视线投向街道，探索从城市街道治理视域促进居民身体活动和健康的新模式和新路径。本章将从城市街道治理促进居民功利型身体活动——主动式出行和消遣型身体活动——体育锻炼两个层面着手，提出我国城市街道治理视域下建立运动促进健康的路径。本章前六节主要聚焦通过城市街道治理促进居民功利型身体活动——主动式出行，第七节和第八节主要关注城市街道的体育化利用，促进居民的消遣型身体活动——体育锻炼。希望能对我国从城市街道治理视域促进居民的身体活动和健康提供一些启示，助力运动健康城市建设和《全民健身计划（2021—2025）》的实施。

第一节 从思路转变出发，引导运动健康促进

当国内诸多城市正埋头加宽道路、修建高架以此方法让车跑得更快的时候，西方的许多城市却主动给机动车道"瘦身"、扩大禁行区，采用交通稳静化、共享街道等措施，积极把街道还给行人。对我国来说，要达成通过城市街道治理促进居民身体活动和健康的治理目标，治理理念的更新是当务之急。结合国内外的经验和我国的现实语境，城市街道治理视域下的运动健康促进要树立以人为本、健康促进、集约高效、绿色发展、统筹推进和高层推动等理念，同时从厘清思路、明确权责、部门协同、多元共治和科技助力着手，从管理走向治理，提升治理能力和治理效能。

一、更新治理理念，为运动健康促进提供思想支撑

（一）树立以人为本的理念

美国思想家爱默生说过："人必然被社会包裹，否则，我们将赤裸和贫穷。"生活在钢筋水泥的"丛林"里，徜徉在铁皮橡胶的"车河"中，人与人之间的距离被拉远，沟通被阻断，效率至上的交通发展模式加剧了这种隔离。街道作为城市肌体的血管，其中的红细胞绝对不是"车"而是"人"，故而让街道回归其行"人"的本质功能成为后汽车时代城市发展的必然趋势。

以人为本理念是对"以人民为中心"发展理念的诠释。对城市街道治理而言，以人为本就要更好地为人而不是车服务。要让街道成为人们驻足、停留、交流、游憩、健身和购物的生活场所，营造安全的交通系统，降低城市交通事故发生率；建设城市绿色低碳交通体系，减轻交通系统对环境的污染，实现通过街道治理促进居民的身体活动和健康。作为我国首都的北京已做出表率，2020年7月发布的《北京街道更新治理城市设计导则》明确提出北京城市街道治理理念要从"以车优先"转变为"以人优先"。

（二）树立健康促进的理念

汽车作为近代最伟大的发明之一，对人类社会产生了深远的影响。车轮加速了社会进步和城市化的步伐，但也改变了人们的生活方式和习惯。自汽车问世的一百多年来，汽车逐渐成为街道的主角，城市街道的规划设计以不断提高车辆通行效率为主，加上现代主义城市规划理念的影响，"摊大饼式"的城市发展，严格按照居住、工业、游憩和交通功能进行分区，进一步加剧了"职住分离"现象，传统的步行和骑行方式式微，公众逐步改变了传统的生活方式和生活习惯，这无疑是不利于居民的身体活动和健康的发展模式。

因此，各地要以"大健康观""大体育观"为指导，在街道治理层面树立健康促进的理念，积极落实"健康入万策"的要求，通过城市街

道治理，增加居民主动式出行和社会交往，促进公众养成积极健康的生活方式、减少久坐不动行为、减缓肥胖危机、减少慢性病发病率、舒缓心理压力、促进社会互动、改善街道安全水平和提升城市生态水平，从而提升居民的身心健康和社会适应水平，逐步达成通过城市街道治理促进居民身体活动和健康的治理目标。

（三）树立慢行优先的理念

对我国而言，当前从城市街道治理视域促进居民身体活动和健康最主要、最有效、最快捷也是最必要的方式就是促进居民主动式出行，即以步行和自行车出行为主的慢行交通。所谓慢行优先，就是把慢行交通放在城市交通系统优先发展的位置，此举有利于提高居民主动式出行的比例，增加其日常身体活动量，进而促进其身体健康，达成通过城市街道治理促进居民身体活动和健康的治理目标。慢行交通本身也是城市交通战略的重要支撑，慢行交通与轨道交通、地面公交多网融合发展，可以优化居民出行结构，构建低碳绿色出行为主体的综合交通体系。

慢行优先也是治理"大城市病"的重要举措和切入点。选择步行和骑行出行比例的增加能够有效缓解交通拥堵的"大城市病"，提升城市宜居宜行的形象；慢行交通也是重塑街道空间环境、打造高品质人性化城市公共空间、创造不用开车也可以便利生活的绿色交通环境的重要组成部分。主动式出行不仅是一种绿色交通方式，也是一种活力、健康、低碳的生活方式，通过塑造健康街道，鼓励民众加强体育锻炼，提高身体素质，实现通过城市街道治理促进居民的身体活动和健康的治理目标。2021年9月发布的《北京市慢行系统规划（2020—2035年）》（草案）就明确提出要树立"慢行优先、公交优先、绿色优先"的发展理念，建设步行和自行车友好城市。

（四）树立集约高效的理念

土地是最宝贵的资源。城市用地紧张是城市发展过程中一个无法回避的问题，欧美国家曾用城市郊区化来解决这一问题，然而我国许多城市仍在重蹈欧美之覆辙，在城镇化进程中人地失调问题突出，城市建设

用地外延扩张、粗放利用，土地城镇化快于人口城镇化。这种粗放型的城镇化进程造成我们一面不断地向大自然、向宝贵的耕地索要新的土地以供城市发展，另一方面却又在城市中不断造就一片又一片未充分利用而不断衰废的失落空间的局面。因此，城市街道治理要树立集约高效的理念，基于新城市主义和精明增长理论，注重土地的集约利用和混合利用，在满足交通和公共空间功能的基础上，适当缩减道路宽度，按照行人、骑行者、公共交通和私家车的顺序合理分配路权，丰富街道的功能和区域内商业、学校、医院等公共服务的数量，构建"15分钟工作生活健身圈"，方便居民选择主动式出行，减少对机动车出行的依赖，促进居民身体活动和健康。

2018年4月发布的《河北雄安新区规划纲要》提出："新区起步区绿色交通出行比例达到90%的目标，倡导'公交+自行车+步行'的低碳出行模式，按照'窄路密网小街区、慢行优先'的理念布局道路网络。"《北京城市总体规划（2016—2035年）》针对"大城市病"，提出了减重、减负、减量的发展思路，限制人口总量、提高生态控制区和控制城市边界，用地规划到2035年比2015年减少161平方公里。城市蔓延和职住分离现象增加了居民日常通勤的距离和对机动车出行的依赖，也增加了居民的生活压力和心理压力，不利于居民健康。因此，要从城市和街道规划设计的顶层设计入手，抑制城市蔓延和职住分离现象，打造人性化的城市和街道，倡导主动式出行，减少健康不平等，促进居民的身体活动和健康。

（五）树立绿色发展的理念

绿色发展以人与自然和谐为价值取向，以绿色低碳循环为主要原则，以生态文明建设为基本抓手的理念。近年来，随着人们生活水平和健康素养的提升，人们更加向往自然、亲近自然、渴望青山绿水，渴望拥抱大自然。但在进行城市基础设施建设和修路建桥的过程中，必然会对自然环境产生一定程度的影响，甚至是破坏。

英国设计委员会2015年进行的一项调查显示，经常参加户外活动的儿童的比例从1985年的71%下降到21%。英格兰公众健康理事会进一步研究发现，25岁之前经常进行户外锻炼的人，有75%的人会继续保持体育锻炼的习惯。而坚持进行体育锻炼则是保持健康的必要方式之一。

因此，城市街道治理要树立绿色发展理念。一方面要注意对自然环境的保护，进行适度地开发，以保持生态系统的稳定，促进人与自然的和谐发展；另一方面要加强街道的绿化和城市公园、绿地的建设，尽可能为公众多创建一些户外绿色活动空间，在满足公众运动健身、文娱交往等需求的同时，也要为公众提供一些接触自然、亲近自然的机会，舒缓都市生活所带来的压力。国家体育总局、发展改革委等12部委于2018年3月联合印发的《百万公里健身步道工程实施方案》就是基于绿色发展理念的惠民工程，提出"到2020年，力争在全国每个县（市、区）完成300公里左右健身步道建设"的目标，此方案不仅顺应了低碳时代"美丽中国"的发展需要，而且能够提升我国城市街道的规模与品质，期待取得预期的效果。

（六）树立统筹推进的理念

国内外的经验告诉我们，通过城市治理促进身体活动和健康是一项复杂的系统工程，单纯从城市街道治理视域着手效果有限，故而世界卫生组织和不同的国家、城市和机构出台了一系列从城市和街道规划设计层面来促进身体活动和健康的政策文件，以形成相应的治理合力。

城市街道治理涉及城市规划、国土资源、交通规划管理以及市政管理、园林绿化、街道社区等多个部门，需要贯彻"健康入万策"的要求，在城市决策层面成立相关的领导小组，以协调统筹推进有关工作，但目前该领导机构阙如，加上对政策的学习和宣传不到位，政策执行存在"上热中温下冷"现象。

国内有些城市意识到了此问题，比如武汉市提出按照立足于总规、土规和交规"三规同步、交规先行"的思路，整体推进武汉的城市规划、国土空间规划和交通规划，全面统筹交通与用地的和谐发展，特别是提出了"统筹推进"的理念，将城市街道治理的人行道、非机动车道、车行道、行道树、沿街商店以及沿街的广场绿地、座椅等城市街道要素"一锅烩"，以达到最佳的城市街道治理效果。

因此，城市街道治理要树立统筹推进的理念，把城市和街道的规划、设计、建设，以及创建宜居环境、应对气候变化和可持续发展等城

市治理问题一并考虑，统筹推进。要把运动健康促进作为一项重要的考虑因素，纳入到城市和街道的规划设计和建设等各个环节之中，加强部门协同，构建以人为本、充满活力的城市街道，提升人民群众在城市快速发展中的幸福感和获得感，以城市街道治理促进居民身体活动和健康。

（七）树立高层推动的理念

城市街道治理视域下的运动健康促进理念转变最为关键之处在于决策层主要领导观念的转变。在我国的治理体系下，城市街道治理需要树立高层推动的理念，各级政府的主要领导、分管领导，以及各相关政府部门党政一把手要重视城市街道治理对促进居民身体活动和健康的积极作用，积极转变城市街道治理理念。决策者和执行者都应按照"健康入万策"的要求，在制定城市和道路交通的战略规划以及相关政策方案时，充分考虑居民的出行和健康问题，从顶层设计入手，统筹考量城市和道路交通规划设计，并把城市街道治理纳入到城市精细化管理体系之中，把城市街道治理作为建设宜居健康城市的重要举措，促进居民的身体活动和健康。

美国思想家爱默生说过："人必然被社会包裹，否则，我们将赤裸和贫穷。"生活在钢筋水泥的"丛林"里，徜徉在铁皮橡胶的"车河"中，人与人之间的距离被拉远、沟通被阻断，效率至上的交通发展模式加剧了这种隔离。街道作为城市肌体的血管，其中的红细胞绝对不是车而是人，让街道回归其"人"的本质功能成为后汽车时代城市发展的趋势。

需要强调的是以上理念转变主要是指高层决策部门治理理念的转变。但是作为政策具体落实的执行者治理理念的转变同样重要。除了树立以人为本、慢行优先、健康促进的理念外，还要树立部门协同、共建共治的理念。

对于作为政策参与者的普通民众来说，最重要的是要提高自身的身体素养和健康素养，纠正只有体育锻炼才有益健康的偏见，养成利用日常的工作、学习和生活中的零散时间进行身体活动的习惯，特别是日常通勤选择主动式出行的习惯。此举对个人来说不仅能够促进身心健康，而且能够提高出行效率、减少经济支出。对于国家和社会来说同样有益，不仅有助于减少交通拥堵、空气污染、噪音污染、温室气体排放和化石能源消耗，更有利于增加公众社会交往、提高城市活力、促进经济繁荣、传承城市历史文脉，促进社会和谐稳定，是民众家国情怀的体现方式之一，对建设健康城市、宜居城市和推进健康中国战略和全民健康战略都有积极的意义。

二、明确治理原则，为运动健康促进提供目标支撑

更新治理理念之后，还需明确治理原则，才能为提升治理能力把准方向、为完善治理路径提供支持。基于国内外的治理经验，城市街道治理视域下的运动健康促进应确立以下六个原则。

（一）安全性

安全是一个永恒的主题，它是人类最重要也是最基本的要求。对城市街道治理而言，安全性也是首要原则。全球每年有超过130万人因交通事故死亡，交通事故也是5~29岁儿童和年轻人最主要的死因。北京市于2021年4月1日起正式实施的全国首部《步行和自行车交通环境规划设计标准》提出，要坚持"人民至上、安全至上，全面保障全龄行人和自行车出行的全天候安全"。确保人在街道中的绝对优先权，优先考虑行人、非机动车和公共交通使用者，尤其是残障人士、老年人与儿童等易受伤人群的需要，保障不同交通方式的路权，使行人和车辆各行其道、安全有序交会。特别是在步行活动的重点区域，如商业区、医院、学校与公交站台附近的交叉口，应以人为本，重点关注。2018年6月发布的《世界卫生组织2018—2030年促进身体活动和健康全球行动计划：加强身体活动，造就健康世界》提出，要加快政策措施的落实以改善道路的安全性，提高行人、骑行者等人群和公交乘客的人身安全，按照道路安全系统优先执行那些能够降低行人风险的政策。

（二）多样性

城市的魅力就在于其多样性，不同年龄、不同人群在这里居住、学习、工作、游憩，人们使用了城市空间同时也激活了这些场所。就像雅

各布斯说的那样："只有因为并且只有当城市由每个人创造时,它才有能力为所有人提供些什么。"而城市的多样性集中体现在街道上,故而应鼓励提升街道功能的多样性和吸引力,增加街道对行人的"黏性",激发街道活力。《城市活力设计导则》提出的增加身体活动可能性的"5D原则"中第二个就是多样性。多样性的街道要求街道不仅是交通空间,也是承载城市公共生活的重要媒介。街道业态的多元、多样和丰富,才是城市活力和魅力所在。

街道是一座城市给人最初的也是最深印象的地方。街道是居民生活的容器,要做到街道沿街业态功能复合、沿街活动便利舒适,创建出为人们带来了的健康、快乐和幸福的活力街道。用多元手段塑造具有"场所精神"的魅力城市街道,吸引人们"前往而非经过街道"。要树立多样性理念,重新挖掘街道的交往与城市功能,在保证街道通行能力的基础上使其焕发生机活力。充分考虑街道上所进行的各种活动,如购物、休闲、健身、交往,以及广场舞等,最大限度地实现街道功能的转型提升;充分考虑道路交通与周边用地、建筑功能的关系,以及生态景观、历史风貌的兼容性,发挥增进社区融合、激发地区活力和促进经济繁荣的作用;街道多样化的功能会增加额外的活动保证街道空间的安全,街道上行人增多也会抑制犯罪的发生。同时,应注重保护街道特色,保留街道精神和物质要素的多样性,实现街道的有机更新。同时,让人与人的交流回归城市,致力于打造充满活力、生态宜居的城市空间。

(三)可达性

可达性这一概念虽在各个领域广泛使用,但目前国内外对其尚无统一的定义。接受度较广的概念是指人们通过一定途径接近设施或服务的便捷程度。城市街道的可达性是指人们通过各种出行方式移动的便捷程度,以及使用各种公共设施和服务的方便程度。有利于运动健康促进的的城市街道的可达性主要是指步行可达性、骑行可达性和公交出行可达性,以及使用各种设施和服务的方便程度。涉及道路安全、路网密度、专用道设置、公交站点密度、基础设施、街道家具等,即让公众在步行、骑行和公交出行时感觉方便、快捷、舒适。英格兰体育理事会2007年发布《活力城市设计》确定的三大核心目标中将"可达性"排在首位。更高层次的街道可达性要基于各地"15分钟生活圈"的建设情况，即在步行或骑行15分钟内能够满足居民日常生活中的学习、健身、购物、文娱、就医等基本需求，要做到既"高大上"又"小而全"。

街道还应体现对不同群体的包容和关怀，实现从空间实体属性到空间人文关怀的过渡。同时，应融入更多生活气息，实现设施共享，展现市井生活。加强街道无障碍设施和标识设计，体现对老人、孩子、残疾人等特殊群体的关怀，展现街道的多样化人文情怀。通过便捷舒适的街道家具、充足适宜的基础设施，解决各类人群出行的后顾之忧，做到无忧出行、舒适出行。

（四）包容性

街道的包容性是街道公平性直接的体现。提供包容性设计、通行优先权、交通稳静化、强化执法等多项措施，给街道使用者，尤其是老人、儿童与特殊人群创造安全与公平的环境。以惠及各年龄、能力人群，坚持普及性、平等性及高龄友善性等原则，尽量减少不平等现象的发生。世界卫生组织强调应加强步行和骑行网络的基础设施建设，以支持和促进在城市、郊区及农村进行步行、骑行，以及轮椅、轮滑、滑板等身体活动和使用公共交通工具，并适当考虑对各年龄及能力群体的普及性、安全性、平等性等原则。

这就要求在城市规划、交通设计、社区规划、建筑设计等工作中要树立包容性理念，充分考虑到不同年龄、性别、种族、信仰、身体状况人群的实际需要，使每位社会成员都能安心、舒适、有尊严地享受这些设施和服务。消除妨碍残疾人、老年人等特殊人群参与街道生活的障碍，各种建筑、道路、广场、空地等都要建立无障碍通道、配备无障碍设施，以保证每位公民都能平等、自信、独立地参与到每天的活动中。这需要政府相关部门的密切合作与配合，通过沟通、对话、协作等方式广开言路、群策群力，对现有的城市街道及配套设施进行升级改造，新建时则要严格按照包容性理念进行规划、设计和施工，不断加强基础设施建设，保证工作、学习及生活环境的包容性和可达性，提高公共交通服务、公共健康服务、公共体育服务的均等化水平。让各种城市街道及配套设施适用于全体居民，提高各类人群主动式出行的比例，促进其身

体活动和健康水平。

（五）舒适性

舒适性指的是一种感觉舒服、满意的积极情绪体验，街道舒适性直接影响着出行者的体验质量。有利于运动健康促进的城市街道的舒适性主要指要提升步行和骑行的舒适性。北京市发布的《步行和自行车交通环境规划设计标准》强调，"全面提升行人和自行车出行环境的舒适性，塑造高品质的街道景观和生态效应"。舒适性体现在多个方面：一是居民日常出行的目的地之间应建立安全、便捷、通达的步行和骑行路线，要保证路线的质量，必须安全、整洁、平整、视野开阔、照明充足、标识清晰、保养良好，尽可能使步（骑）行路线的距离优于机动车的行车距离。路线的质量、科学性与公众主动式出行的数量成正比，路线的质量愈高、设计愈合理，对居民愈有吸引力，选择主动式出行的比例就越高；二是街道的基础设施要完善。街道上充足、适宜的基础设施都是吸引、鼓励公众主动式出行的必要条件。比如公共卫生间、自行车存放处、休闲座椅、Wi-Fi接入、饮水机等基础设施的数量及质量都是影响公众主动式出行的因素；三是要加强街道的绿化。绿植对改善城市空气质量、降低城市热岛效应、减少噪音污染、建设海绵城市等都有积极的作用，绿植同样够减轻人们的压力，提升幸福感，道路两旁是否有遮阴的行道树在烈日炎炎的夏季也是公众考虑是否选择主动式出行的一个影响因素。通过城市街道科学合理地规划和布局，提高街道的可达性、舒适性，加强基础设施建设，为公众创造更适宜主动式出行的街道环境，让主动式出行变得更加方便、容易，成为最贴合实际、最"划算"的选择，成为日常生活中首选的出行方式，最终达到健康、社会、经济和生态效益的多赢局面。

（六）智能性

结合国内外智慧城市的建设经验，通过对街道设施智能化、集约化，增加出行的辅助工具、智能监控设施、信息交互系统，加强街道环境智能治理。依托互联网、大数据、人工智能等技术手段实现智慧城市的新生态系统，构建集约交互的智慧街道，为公众出行提供便利，科技赋能、智慧出行。

三、提升治理效能，为运动健康促进提供能力支撑

作为国家治理体系和治理能力现代化的重要内容，如何做好城市治理工作，考量着地方政府的智慧。城市街道是城市治理中的重要一环，要在厘清思路的基础上，明确分工权责、加强部门协同、实施多元共治，推进智慧交通，提高管理的科学化、精细化和智慧化水平，由粗放式向精细化转变，由管理走向治理。

近年来，国外很多城市都在通过各种方式和途径努力提升城市街道治理能力，以此来改善城市人居环境，提高居民健康水平，达成通过城市街道治理激发城市活力、繁荣街道商业、促进社会交往、传承历史文脉和提升公共健康的共赢局面。我国亦在积极推进城市治理能力的现代化，但在城市街道治理方面仍存在明显短板，特别是尚未树立从城市街道治理视域促进居民身体活动和健康的理念。上述转变治理理念的最终目的是要提升治理能力并转化为治理效能，而治理效能的提升依托于治理能力提升。根据国内外的治理经验，可以从以下几个方面着手。

（一）厘清思路

街道治理能力提升最为关键之处在于厘清思路，思路清晰才能分得清轻重缓急、看得透事非因果、把得准重点难点。要基于目前的现状和短板，结合实践的经验提出治理的策略与路径。厘清"Why（为什么做）"、"Who（谁来做）"、"What（做什么）"、"How（怎么做）"和"How much（做到什么程度）"几个关键问题。专业的人做专业的事，厘清思路并不是某个政府官员或政府部门的"一言堂"，要成立由城市和街道规划设计、交通管理、城市管理、园林绿化，以及社会学、经济学、体育学和公共健康等领域专家组成的智库，全面梳理自身城市街道治理视域下的运动健康促进经验与问题、长处与不足、特点与短板，以人民健康为中心，找准发力点与着力点，厘清治理的步骤、重点和难点，对治理路径拟定、评估、推进、实施、评价和反馈进行全

程的"把脉问诊"。各级政府主要领导要循证施策、思路清晰、目标明确、步履稳健,掌好以人民健康为中心的"舵",把促进居民身体活动和健康作为推进城市街道治理能力提升的考量因素之一。

(二)明确权责

城市街道治理涉及发改委、国土资源局、规划局、建设委员会、交通管理委员会、城市管理局、工商管理局、园林绿化、交警支队和街道办事处等多个部门,存在责权交叉或空白的情况,因此治理能力提升必须要明确各部门的权利和责任。要达成各主管部门的理念共识,明确治理目标和标准,建立与街道治理相关的政策体系、指标体系和绩效考核体系,捋顺各类城市街道治理的事权和财权,打破传统的体制机制的弊端,摒弃各部门条块分割、各自为政的治理惯习。通过明晰各部门责任、权力和义务,统筹推进街道治理实施与维护,保障街道管理的可持续性。要破除部门间的藩篱,整合管理体系,可以仿效伦敦和纽约的交通局,成立城市"大交委",行使所有与道路和车辆管理相关的职责。目前,深圳市已先行试足,将市交通局、公路局、交通综治办的职责及规划局、城市管理局、公安交通警察局的有关职责整合划入,城市交通规划设计和发展得到进一步融合和加强。

(三)部门协同

城市街道治理不是一家之事,促进居民身体活动和健康需要加强部门协同,从各部门条块化管理转变为协同共治,形成共商共建、部门联动、横向互动、相互支持的良好局面。在积极推进"健康入万策"的同时,应加强信息共享、数据整合,由街道实施主管部门牵头,搭建面向街道建设、提升、整治的城市街道专项管理平台,针对城市街道治理有关的重要问题组织召开联席会议,把促进居民身体活动和健康作为重要议题,共同协商确定目标任务、试点项目及年度行动计划,推进街道建设和管理涉及的各部门之间的沟通交流和协同决策。建立城市街道专项管理平台,以"人民健康为中心"保障各部门在公共财政投入、土地供应、项目推进与规划空间布局和规划实施时序上的相互协调,推动各部门职能的条块结合、无缝对接，充分保障综合管理与治理机制的运行。一方面要创新街道治理的实施和维护主体：在市级层面，可以组建或授权委托公共空间投资与建设管理专业公司，作为市级城市街道建设实施和维护的主体，鼓励运用更加灵活的街道建设模式；在区级层面，要根据自身特点确立多元主体，可确立不同主体，推进多部门协同，积极落实市级行业部门指导要求，并加强与市级专业公司合作。另一方面要加强街道治理的市区联动：市级层面要统筹推进全市街道治理工作，全面探索机制体制创新，为具体街道治理项目提供全程技术指导，实现一张蓝图干到底，促进居民身体活动和健康；街道治理区级层面要强化属地责任，开展各级各类街道的针对性研究，制定符合各区实际的街道治理细则，为城市街道治理视域下的运动健康促进工作及相应所需要的改革创新逐步积累经验。鼓励各区分年度、分类型选试点项目，综合考虑类型特点、实施难易、创新方向、示范效应等因素，以年度计划的方式稳步推进街道治理，边推进边总结，形成经验的有效积累。

（四）多元共治

管理是从上而下、一元单向的，而治理是行为主体的多元化、利益主体的多元化，因此多元共治是治理的特点之一。在街道治理的全过程中开展持续不断的宣传互动和政策引导，逐步实现由以政府为中心过渡到政府、市场、社会对城市街道的协同共建和共治共享。全面拓宽公众参与街道治理的渠道，鼓励机关团体积极参与，调动沿线单位和居民的积极性，推进街道治理工作更切合百姓实际需求，共同促进居民的身心健康、社会适应良好。北京市出台的街道导则中就提出了分区分类探索城市街道共管共治和共建共享的运行模式。培育一批扎根基层的街道管理人员，完善"小巷管家"和"街巷长"制度，探索参与型社区协商模式，增强居民的归属感和责任感，助力附近街区营建有利于居民身体活动和健康的街道环境。

（五）科技助力

大数据时代的到来，既为城市街道治理提供了全新的视角，也提供

了有力的技术支撑，要充分利用现代信息化技术，为促进居民的身体活动和健康服务。要提升智慧化水平，把城市街道治理同智慧化城市建设相结合，充分利用"大数据""人工智能""云计算"和"5G"等现代信息化技术，为城市街道治理视域下的运动健康促进智慧化赋能。一方面，可以运用智能技术手段，感知城市街道特征、识别街道肌理、对街道进行实时画像，增强管理的科学性和时效性，促进居民选择主动式出行；另一方面，基于智能技术建立动态的街道设计反馈机制与公众参与平台，推动共建、共享、共治的实施路径，探索街道交互式设计的新模式，建设"人本位"的街道；再一方面，在后续建设和运营管理中，探索实现智能监控、出行辅助、信息交互、设施共享等智慧管理功能，为居民的主动式出行提供服务。

第二节　从制度建设出发，保障运动健康促进

伦敦和纽约等西方发达城市均制定了一系列促进居民身体活动和健康的相互促进、相辅相成的政策法规、行动计划和设计指南并取得了一定的成效。我国从中央到地方近年来也出台了一系列的法规、指南和规范性文件，以改善和提升城市街道品质，引导促进公众选择绿色低碳出行，特别是步行和骑行。但目前政策的制定还不够系统和全面，政策执行也面临滞阻，因此应从制度建设出发，为运动健康促进提供基础保障。

一、科学制定政策，为运动健康促进提供制度保障

（一）国家层面

2018年10月，住建部发布了《步行和自行车交通系统规划设计标准（征求意见稿）》，以科学合理利用城市街道，改善步行和骑行的出行环境，为我国城市步行和骑行交通系统建设提供指导。《"健康中国2030"规划纲要》则为"把健康融入所有政策，全方位、全周期保障人民健康"明确了总体战略和推进路径。2018年《中共中央　国务院关于全面加强生态环境保护坚决打好污染防治攻坚战的意见》和《国务院关

于印发打赢蓝天保卫战三年行动计划的通知》印发，则从保护生态环境视角，倡导绿色低碳的生活方式。

2019年6月印发实施的《健康中国行动（2019—2030年）》提出了15个专项行动，其中"健康知识普及""全民健身""心理健康促进"和"健康环境促进"等行动均可在城市街道治理层面开展，《体育强国建设纲要》也把"加强城市绿道、健身步道、自行车道"建设纳入全民健身场地设施建设之中。但这些文件在具体实施中效果却差强人意。究其原因在于很多政策制定的初衷并不是为了促进居民的身体活动和健康，故而目前仍然缺乏国家层面统筹整合体育和卫生健康部门职责以外的促进居民身体活动和健康的政策文件。建立运动健康促进新模式，推进"体医融合"只是其中的一项重点任务，要基于我国国情，探索全方面全周期保障人民健康的体制机制，特别是要从顶层设计着手，从国家层面研制出台类似于英格兰体育理事会与公共健康理事会联合发布的"通过体育锻炼和身体活动促进健康和幸福的规划"（Planning for health and wellbeing through sport and physical activity）《活力城市设计》之类的政策，并从我国的实际国情出发，通过城市和街道的规划设计促进居民的身体活动和健康，建立具有中国特色的运动促进健康新模式。

（二）地方层面

自2016年《上海市街道设计导则》发布以来，北京、武汉、成都、南京、广州、昆明和株洲等城市陆续出台了结合自身城市特点编制而成的街道设计导则，以人性化的设计理念为引领，吸收国内外的成功经验，提出街道的设计方法、技术规范和评价办法等。

2021年9月，北京市发布了《北京市慢行系统规划（2020—2035年）》（草案），明确提出："慢行交通是活力、健康、低碳生活方式的重要组成部分。"通过塑造健康街道，鼓励民众加强锻炼，提高身体素质，增强城市魅力。上述文件从不同角度，共同促进公众选择绿色、低碳、健康的生活方式，倡导主动式出行，养成健康的生活习惯。但上述文件均为各地规划部门制定的，促进居民身体活动和健康并不是其主要的考量因素，因此缺乏从城市规划全局的高度考虑如何对居民的健康进行主动式干预，提高其身体素养和健康素养的政策性文件。对此，

可以参考纽约市出台的"通过设计促进身体活动和健康"（Promoting physical activity and health in design）的《活力城市设计导则》，研制符合当地地域、经济、文化和气候等特点的从城市规划、交通设计和建筑设计层面促进居民的身体活动和健康的标准、指南或导则，助力运动促进健康新模式的建立。

虽然从中央到地方都在努力践行"人民城市人民建、人民城市为人民"的初心和使命，不断提升城市治理能力，以人民为中心，不断加强制度建设，作出新的制度安排，也确实取得了一定的成效。但我们也要看到，目前我们还未形成有效的制度体系，相关的政策还不够系统，连贯性不强，尚未起到相互促进、相辅相成的作用，且多以"意见""计划""导则"等形式出台，此类文件均以倡导为主，强制效力不强。未来，一方面要加快相关配套细则的出台，提高政策的完整性、连续性和执行力；另一方面要加强多学科、多部门的协同，总结国内外先进经验，研制出台符合我国国情的、有利于促进居民身体活动和健康的城市和街道规划设计的相关指南、标准和法规，用以指导具体实践。

二、加强政策执行，为运动健康促进提供运行保障

"徒善不足以为政，徒法不足以自行。"政策执行一直在掣肘着我国各项事业的发展，许多惠及民生的政策在执行过程中被"选择性执行、替代性执行、象征性执行"。比如2016年出台的《中共中央 国务院关于进一步加强城市规划建设管理工作的若干意见》提出的"推广街区制""建设窄马路、密路网"等措施在执行中效果欠佳，各地制定的街道设计导则，在执行时也遇到各种问题。而要破解"执行阻滞"，应从以下几方面入手。

一是要完善奖惩制度。当前，我国有关城市规划、街道设计和健康促进的法律法规其立法精神以鼓励和倡导为重，约束力不足，不易发挥实际功效，违规的成本低，守规的收益少。这从一方面反映出公众法律意识的淡薄，另一方面则显示了政策执行主体或因执行阻力大而让步，或出于自身利益的考虑，而选择性执行。执行主体的这种不作为或执行上的打折扣，很大原因在于奖惩制度的不完善，起不到惩前毖后的作用。因此，一方面要把"健康入万策"情况作为一项考核指标纳入各

部门及主要负责人的年度考核、任期考核的硬性指标之中，明确罚责，将其作为考核、评优的重要依据，在精神、物质两个方面给予奖励或处罚；另一方面要借助科技手段提升对行人和非机车的逆行、闯红灯、闯入机动车道和机动车的超速、乱停车、不礼让行人等行为的处罚力度。

二是要健全监督、评价和问责机制。建立独立的、第三方监督、评价机构，以保证监督、评价的公正性与客观性。要建立健全相关问责机制，明确政策执行者的权力、责任与义务，避免出现执行时的"错位、越位、失位"；其次，要建立责任倒追制度，做到有法必依，执法必严，违法必究。

三是建立高层次的领导协调机制。应在党委、政府的强力推动、统一协调下，消除部门间、组织间的僵化界限，形成"大健康观"，从街道层面促进居民身体活动和健康。做到"高位推动有力、部门合作无间"，建立起畅达的沟通、协调机制，明确责任与义务，实现"跨界整合、融合发展"，共同为建设"全民健康"的社会而努力，建立起具有中国特色的运动促进健康新模式，为实现健康中国梦打下坚实基础。

第三节 从顶层设计出发，推动运动健康促进

国内外的治理经验告诉我们，必须从城市街道的顶层设计入手来促进居民身体活动和健康，推动运动健康促进。不合理的城市规划设计和交通政策会造成噪音、空气污染、社会孤立、身体活动不足和久坐行为等问题，导致伤害和非传染性疾病在全球的流行。城市和街道规划设计的政策如考虑到对居民身体活动和健康的影响，就可以缓解常见的健康问题。应积极追求紧凑和混合使用的城市设计，鼓励交通方式从机动化出行转向主动式出行，增强城市的健康可持续发展，建设运动健康城市。

一、重视街道规划，为运动健康促进提供宏观指引

当前，我国城市街道治理正在努力实现从"车本位"到"人本位"的转变，而处于顶层设计层面的城市和街道规划的科学合理与否直接关系到治理目标的达成和治理效能的高低。

（一）三规协同、多圈同步

"三规协同"，即要整体推进城市总体规划、国土空间规划和交通体系规划，全面统筹交通与用地的和谐发展，严格控制城市边界，审慎进行城市功能分区，基于新城市主义和精明增长理论，以人的尺度进行规划和设计，注重土地的混合利用，避免出现"职住分离"现象，倡导"TOD"（Transit-oriented development）开发模式；要统筹推进街道的规划、设计和建设，严格执行《中共中央 国务院关于进一步加强城市规划建设管理工作的若干意见》中所要求的"小街区、窄马路、密路网"模式。"小街区、密路网"往往与紧凑的城市用地布局相伴而生，较高的路网密度加上适中的道路面积率，使这些城市形成了较为细密的城市肌理，有利于公众主动式出行，推动运动健康促进。

2018年4月发布的《河北雄安新区规划纲要》提出："新区起步区绿色交通出行比例达到90%的目标，倡导'公交+自行车+步行'的低碳出行模式，按照'窄路密网小街区、慢行优先'的理念布局道路网络。"这是对传统以车为本街道规划设计实践的质疑、纠偏和回应，向很多城市奉行的"大街区、宽马路"宣战。逐步构建起以人为本、充满活力的城市街道，提升人民在城市快速发展中的幸福感和获得感。

此外，国内很多城市正在积极推进城市"15分钟生活圈""15分钟健身圈""15分钟文化圈"等工程的建设。市级层面要统筹推进，促进多圈同步建设，一方面避免重复建设所造成的资源浪费，另一方面要加强连结各个"圈"的街道建设，特别是慢行网络和街道环境的营造，加强高质量的公共绿色开放空间、休闲空间和体育设施的建设，以惠及各类人群，确保设计符合安全性、普及性、平等性及高龄友善性等原则，尽量减少不平等现象的发生，为公众主动式出行提供便利，推动运动健康促进。

同时，各级政府要按照新城市主义和精明增长原则，一方面要优化整合城市和交通的规划政策，提倡紧凑发展、土地混合利用，提高社区的连接性以支持和促进在街道上进行步行、骑行，以及轮椅、轮滑、滑板等身体活动；另一方面要在土地混合利用的基础上，减少城市功能分区，让更多居民实现在"15分钟生活圈"内就业，减少"职住分离"现象，缩短居民日常通勤的时间，增加主动式出行的机会，探索构建城市"15分钟工作生活健身圈"，打造宜居、宜业、宜行的运动健康城市。

（二）以人为本、慢行优先

俗话说"宽街无闹市"，纽约、伦敦、东京和香港等这些拥有宜人步行环境的城市都鲜有动辄上百米宽的街道或者几百米长的街区，过马路不用"上天入地"（走天桥或地下通道），不用一路小跑（道路太宽、绿灯太短），因此在这类城市中步行是一种很放松、惬意的体验。城市街道治理视域下的运动健康促进，必须以"人的尺度"来规划布局街道，让街道回归其"行人"的本质功能。要以建设"步行和自行车友好城市"为目标，确保行人和非机车的路权，在此基础上不断完善城市慢行系统和公交系统。"慢行系统+公交系统"是治理当下城市交通拥堵、环境污染和能源短缺等问题的良药，同时也是公众主动式出行的必要物质保证。伦敦和纽约都在不遗余力地为公众创建充足、安全、舒适、宜人的城市慢行系统，吸引更多的公众选择主动式出行，以逐步转变公众的出行习惯，为其积极健康生活方式的养成提供必要支撑。

（三）拒绝成规、慎待高架

高架快速路真的能解决城市的交通拥堵问题吗？根据诱导需求理论，高架快速路的修建会导致更多的人选择小汽车出行，这不仅会导致更多的排放和污染，更加重了交通拥堵。在很多城市，每天早晚的出行高峰期，高架快速路往往是拥堵最严重的地方。手机导航上密布的红线，始终是戳在高架快速路的"脊梁骨"上的一根"刺"。原本是治堵的"药"，却成了致堵的"毒"。它被德国作家瓦尔特·本雅明所预言，是"古老城市的褶皱"，像一张创可贴，糊在曾经完好的皮肤上。在20世纪，城市高架是追逐梦想的通道，是"车本位"的、纯粹的基础设施。但是，在21世纪，"人本位"的回归让之前逐梦的通道成为了把以人为本赶进了"死胡同"。

中国的城市化进程，可以说是欧美日城市化道路的杂陈。经历几十年的高速发展，前路再次漫漫起来，城市生态环境整治与城市基础设

建设交织在一起，该如何抉择？我们的很多城市，不仅不敢拒绝成规，反而还附和，高架真是城市文明的标志吗？城市真的需要高架吗？建设高架到底是为了人，还是为了车？需要我们慎重地思考和回答。

二、注重街道设计，为运动健康促进提供微观指导

伦敦、纽约、北京、上海等国内外许多城市都出台了各自的街道设计导则，其中都有一个核心理念，那就是促进公众主动式出行，实现城市街道治理从"车本位"到"人本位"的转变。通过人性化的街道设计，让街道成为居民从事各种身体活动的场所，推动运动健康促进。

设计决定细节、细节决定成败。"科学规划+精明设计"的方式可以有效助力城市街道治理视域下的运动健康促进目标的达成。但街道设计是一项非常专业的工作，故本研究仅从宏观角度提供一些促进居民身体活动和健康的设计建议，更详细的内容请参阅国家和有关城市发布的相关标准和导则。

（一）制定国家标准

2018年10月，住建部发布了《步行和自行车交通系统规划设计标准（征求意见稿）》，以科学合理利用城市街道，改善步行和骑行的出行环境，为我国城市步行和骑行交通系统建设提供指导。不少地市结合自身城市的特点编制了街道设计导则，以人性化的设计理念为引领，吸收国内外的成功经验，提出街道的设计方法、技术规范和评价办法等。之前，我国尚无统一的国家标准。比如前文提到了"人非共板""路口渠化"等问题，有的城市提倡，有的城市禁止，因此亟须国家层面的设计标准。在2021年10月1日起正式实施的《城市步行和自行车交通系统规划标准》作为国家标准将为今后的城市街道治理指明方向。

2021年4月1日正式实施的北京市《步行和自行车交通环境规划设计标准》（下称《标准》）是我国首部步行和自行车交通方面的技术标准。《标准》明确提出了"人民至上，安全至上"的理念，包括总则、术语、基本规定、道路网与道路横断面、步行交通、自行车交通、道路绿化、老城步行和自行车交通、设计文件编制深度9部分内容。全面保

障全龄行人和自行车出行的全天候安全。对行人和自行车路权的保障力度，可以说是前所未有的。《标准》的实施对我国其他城市步行和自行车交通相关标准的制订，以及步行和自行车交通相关设施的规划建设具有借鉴意义。

（二）分类整体设计

要根据不同的街道类型进行分类设计，而对于城市街道营造则要基于空间全要素的整体设计。

按照交通性街道、商业性街道、生活性街道、景观性街道、综合性街道等不同的特点，分别制定相应的设计标准和细则，形成各具特色的城市街道。

城市街道由街道路面、沿街建筑、街道绿化和街道设施等要素构成，又可划分为慢行空间、车行空间、交叉口空间、设施空间、绿化空间及前区空间六个大类要素。在设计时按照"全范围、全要素"的原则，进行整体设计。首先，街道应尽可能保证步行的优先度；其次，基于不同街道的功能性质与空间状况，考虑城市街道分配和设施配置的优先级别，形成相应的街道设计方案。

（三）科学分配路权

要在以人为本理念的指引下，转变过去只注重机动车通行效率的惯性思维，全面分析各类街道使用者的实际需求，坚持慢行优先原则，统筹整合街道交通功能与城市街道质量以及社会效益间的平衡。统合城市街道资源的分配（即不同街道使用者的路权），倡导从整体上调配城市街道和空间要素。坚持"人民至上、安全至上，全面保障全龄行人和自行车出行的全天候安全"的要求，确保人在街道中的绝对优先权，优先考虑行人、非机动车和公共交通使用者，尤其是残障人士、老年人与儿童等易受伤人群的需要，保障不同交通方式的路权，使行人和车辆各行其道、安全有序地交会。

首先应确保行人和骑行者的路权，其次是非机动车和公共交通工具，最后才是小汽车和货车等其他交通工具。因此在街道设计中应保

证步行道与非机动车道的宽度，完善配套设施、基础设施，提高路网密度，为步行创造安全、优美、舒适的环境。在实际操作中，要注意以下几点：一是要将主动式出行路线融入公共交通网络之中，实现与公共交通系统的无缝对接；二是要将公园、广场、空地、运动场地、体育设施等纳入主动式出行路线之中，方便公众的运动和游憩；三是要对现有的交通网络进行升级改造，创建适于主动式出行的路线，机动车与非机动车、行人通道要尽可能进行隔离，如与机动车共用路面，要有明晰的界线和标识；四是设计时要根据当地的地貌特征，将主动式出行路线融入当地的景观设计之中。

比如北京市通过拓宽步行和自行车道，确保自行车道宽度不小于2.5米，步道宽度不小于1.5米；修复破损的人行步道，对人行横道口进行坡化；在停车占压方面，优先保证自行车通行空间，有条件的路段设置停车泊位，宽度不足的街道取消停车位，设置自行车道。这些措施提高了主动式出行的舒适度，为运动健康促进提供保障。

（四）完善步（骑）行网络

居民日常出行的目的地之间应建立安全、便捷、通达的步行和骑行专用道网络，要保证专用道的质量，必须安全、整洁、平整、视野开阔、照明充足、标识清晰、保养良好，保证专用道的包容性，尽可能使步（骑）行路线的距离优于机动车的行车距离。专用道的质量、科学性与公众主动式出行的数量成正比，质量愈高、设计愈合理，对居民愈有吸引力，选择主动式出行的比例也就越高。

在设计时，首先应保证行人（包括残病人士、老年人）的路权；其次是骑行者，二者共用路面时，要通过合理的设计、清晰的标识尽量减少冲突。可以通过路面颜色或界线将自行车道与行人步道分离，同时要限制骑行的速度；第三要完善公交、地铁等公共交通系统，构建在更广阔的范围内进行步行或骑行的交通网络；最后才是发展私家车、货车等交通工具。在完善步骑行网络时要保证所有机动车道的安全、平整、照明充足、视线良好，但不应侵犯行人和骑行者的路权，做到合理分配机动车与非机动车、行人占用的道路空间，在保证机动车安全、有序通行的前提下，尽量加宽人行道和非机动车道。

（五）统筹车辆停放

车辆乱停放是街道管理中的老大难问题，也严重侵占了行人和骑行者的路权，因此要严格控制和规范路内停车。按照新建区域和建成区域进行分区分类施策，确保慢行主体网有独立的慢行空间，减少机动车对行人和骑行者路权的侵占；按照相关规定和要求，精细设计和布置各类街道附属设施，尽量减少或完全消除附属设施对行人通行空间的不利影响；采用岛式站台或自行车道外绕的方式，避免公交车道与自行车道的交叉，有效消除公交车进出站对自行车通行的影响，保障公交车站处的自行车路权；同时，要加强对乱停车、电动自行车逆行、闯红灯等交通违法行为的治理，进一步强化交通秩序管理。通过以上措施，提高居民主动式出行的安全性和连贯性，保障出行权利，逐步减少居民对机动车出行的依赖，促进居民身体活动和健康，为运动健康促进提供保障。

（六）保证行人过街安全性和方便性

安全性是居民日常出行的首要考虑因素。要围绕"行人优先"的路口设计理念综合考虑区域交通流量、周边规划和各方意见，细化完善路口改造方案；对于大型平面交叉口、宽马路，应压缩路口，增设二次过街安全岛；过街人流量大的交叉口可以探索采用增设对角人行横道、减小转弯半径等措施，提高过街效率和安全性，提高居民选择步行出行的比例，增加居民日常通勤时的身体活动。

交叉口及立交桥区往往是行人和自行车友好的薄弱区域，因此要重点关注。通过加强平面交叉口、立交桥区和桥下空间优化交通流线设计、标志设置和标线施画，确保主动式出行的安全和连续；科学画线，精准彩铺，提高自行车道的识别性和安全感；按需设置分方向自行车道，提高骑行过街的效率；按需增设右转机动车信号相位、自行车左转信号相位，消除机动车对自行车的干扰，提高骑行安全性，消除居民主动式出行的安全顾虑。

（七）灵活设置自行车停放

自行车无处停放、乱停放是居民日常骑行时经常遇到的问题。要解决这类问题，可以按照多点分散原则，利用道路机非隔离带、行道树设施带、绿化设施带等空间规划自行车停放区；作为"主动式出行+公交出行"的重要节点，在轨道车站、交通枢纽周边，自行车停放需求量普遍较大，在出现地面空间不足时，可采用将机动车停车位调整为自行车停放区，或是建设自行车立体停车设施等方式，增加自行车停放设施，规范停放秩序；同时要推进地铁车站、公交站点配套的自行车停车场富余空间对共享自行车开放。按需设置共享自行车入栏结算区，加强共享自行车运维服务，提高运营效率和质量。通过以上措施，可以让更多居民在出行的"最后1公里"选择主动式出行，加强身体活动和健康。

第四节　从提质增效出发，加强运动健康促进

城市街道的建设和管理是街道治理中两个非常重要的环节。城市街道治理视域下的运动健康促进理念、制度、规划和设计均需在具体的建设和管理中得以实施体现和贯彻落实。再好的想法，如不能落地落实，也是镜花水月。因此，要不断强化街道城市的建设和管理，把"以人为本、慢行优先、健康促进"等理念落到实处，让城市居民切实享受到实实在在的来自城市街道治理的"健康大礼包"，把主动式出行作为一种习惯和风尚，养成低碳、绿色、健康的生活方式，促进居民的身体活动和健康。

一、注重街道建设，为运动健康促进提供硬件支撑

首先要加强道路建设施工时对各种交通参与者的人文关怀，特别是对行人和非机动车的关照，加强慢行交通的保障措施，保证行人和非机动车的路权，保障主动式出行的安全性、便捷性和舒适性，加强对行人和骑行者的人文关怀，减少道路施工对居民身体活动和健康的影响；其

次，要营造全龄友好、充满活力、品质宜人的慢行空间，关注残疾人、老年人、儿童群体出行需求，为其划定独立、连续的、无障碍的步行和骑行空间。对一般人群则注重加强品质提升，提供更舒适便捷的慢行环境。在此基础上，可以从以下几个方面着手，为运动健康促进提供硬件支撑。

（一）建设完善的慢行系统

完善的城市慢行系统是促进主动式出行的必要条件，"慢行系统+公交系统"是治理当下城市交通拥堵的良药，而"试图通过街道'扩容'来治理城市拥堵，就像给胖子加长腰带来'减肥'一样"，只是西西弗式的无望劳役。

首先，可借鉴域外类似于"道路瘦身"计划的做法，对行人、非机动车和机动车占用的道路空间进行合理地分配，在保证机动车通行效率的基础上，适当拓宽人行道和非机动车道的宽度。特别是近年来随着共享单车的崛起与风靡，城市居民选择自行车出行的比例已明显提高。故而应逐步提升慢行系统的规模，建立起便捷、安全、通达的城市慢行系统，为居民选择主动式出行创造适宜的条件。

其次，要提升慢行系统的品质，不管是步行道还是非机车道都必须整洁平整、视野开阔、照明充足，并配建包括公共卫生间、休息椅、直饮水在内的适宜的基础设施，各类设施的配设要合理，间距要适当，质量要可靠，维护要及时。

再次，要在城市中心区域，通过机动车禁行、限行以及单行道等方式，尽可能在更多的区域内实现居民选择主动式出行会比机动车通行更加便捷的效果。要加强公共交通系统建设，在提高公交系统的覆盖范围的同时，提升公共交通工具的运行速度、发车频率与舒适程度，实现公交站点与步（骑）行通道的无缝对接，让公交出行成为步（骑）行的有益补充，两者相互结合、相互促进。

此外，要通过在城市规划时对空间的合理布局与设计，按照一定间距设置一些小型的公园、广场等，以支持一系列的文体活动，供公众在此游憩。

最后，要按照紧凑发展、土地混合使用的原则在工作地及居住地附近设置商店、医院、学校等，此举不仅可缩短公众日常出行目的地间的距离，增加公众选择主动式出行的可能性，亦可避免步行或骑行时出现

单调、乏味的情况。

（二）建设多功能的户外空间网络

公园、广场、绿地、湖（河）畔以及江河湖海、森林山川等各种户外空间不仅是公众进行休闲娱乐、运动健身的理想场所，亦是城市景观的基本元素。在进行城市规划时应科学合理地将户外空间融入城市的整体设计之中，特别是要合理利用各种"蓝绿"资源，可根据不同的地形地貌建设各种体育公园、城市绿道或健身场地，并通过慢行系统将城市中各种自然景观以及公园、广场、绿地联接起来，建立起多功能的户外空间网络。要保证基础设施和体育设施的配备，必须安全、舒适、便捷，能够满足公众日常的休憩聊天、文化娱乐、运动健身等多种需求，尤其要为家庭的亲子活动提供一个适宜的空间。

（三）建设城市绿道

结合城市空间和城市公园绿地布局，利用城市街道资源，建设城市绿道，不仅能为公众提供主动式出行的通勤通道，也为公众日常健步走、慢跑提供空间保证。通过绿道建设引领绿色、低碳、健康生活。同时，绿道要与主城区交通系统相融合，提升慢行交通环境品质；并要建立起系统规划—建设指引—分区建设规划的绿道实施规划体系和机制，有效促进城市绿道规划建设工作的有效落实。

在加强绿道建设的同时，要加强绿道、公园绿地等休闲空间内部道路与市政道路的紧密衔接，将蓝道、绿道、风景道三道融合，发挥好它们休闲功能的同时，承担部分通行功能，打造"看得见、进得去"的蓝绿慢行走廊，并串联起沿途的生活圈、商务圈、自然圈、文化娱乐圈。绿道结合周边路网与主要交通吸引点进一步加密设置出入口，在出入口附近设置自行车停车设施，方便骑行。

（四）建设全民健身苑（点）

全民健身苑（点）的布局要与公共体育场馆的布局相结合，按照不同的服务半径、等级体系和数量规模进行科学的规划布局。要充分利用街道周边的广场和空地，配建各种全民健身的场地和设施，应遵循人口集中、交通便利的原则，既要符合当地群众的健身需要，方便他们出门锻炼，又不扰乱他人的正常生活和休息。对此，可以利用电子地图、GIS（地理信息系统）技术，根据区域内的面积及人口，利用ArcGIS空间统计工具，实现健身苑（点）布局与居住空间结构相吻合，以提高土地的利用率和建成后的使用率。

（五）建设街道基础设施

充足的、适宜的基础设施是公众主动式出行的必要条件。公共卫生间、休息座椅是许多老年人、婴幼儿、残障人士外出时首先要考虑的因素。英国有13%的老年人每周外出不超过1次，其中一个重要原因就是出门后方便的地方太少。公共卫生间的缺乏同样限制着我国很多特殊人群的出行频率，要保证城区卫生间的合理分布，住建部在《关于加强城市公共厕所建设和管理的意见》中要求一般城市建成区每平方公里保有3～5座公厕，也就是步行300米左右就能找到1座公厕。同时，道路上应设置残障人士专用的通道及设施；在道路两侧及其他公共场所安装休闲座椅；在人员密集的区域（比如学校、公园、广场、公交站台、体育场馆等）配备公共饮水机；在单位、学校、居住地及其他公共空间的出入口设置自行车、婴儿车和轮椅的停放处，为公众的出行提供便利。此外，要注意在路口、街边等醒目位置安装指示牌或引导图，清晰地标识出各种基础设施的位置，方便公众就近选择使用。

二、提升管理成效，为运动健康促进提供软件支撑

（一）提升管理现代化水平

要以现代信息技术为引领，提升城市街道治理的现代化水平。城市街道治理是一个复杂的系统工程，要实现系统内各种资源的有效整合、开发与利用，提高治理水平和效率，依靠传统人力的方式是行不通

的。要以发挥现代信息技术优势为引领，充分利用"大数据""互联网+""云计算"以及各种新兴的网络平台和技术，积极与科研机构、软件公司、通信公司和网络平台合作，建设集PC端、手机App、微博（信）于一体的综合服务和管理系统，提升城市街道治理的现代化水平。要结合智慧道路、智慧公交等建设，因地制宜设置公交站台"一键叫车"、智能信息标识、交叉口人脸识别信号灯等智慧出行服务设施。积极推进互联网租赁自行车与公共交通融合的"MaaS"（Mobile as a serve，出行即服务）系统，打通公共交通出行"最后1公里"的慢行接驳，形成"慢行+公交"出行的绿色、低碳、健康出行方式。

此外，要加强对共享单车的管理和引导。从2020年中国共享单车用户主要应用场景调查数据来看，68.6%用户会在日常短途出行时使用共享单车，共享单车已成为解决公众出行"最后1公里"问题的有效工具。但同时，要利用智能化手段解决共享单车乱停放问题，精准设置共享单车电子围栏，在加强共享单车停放管理的同时要引导使用者形成规范的停放习惯，既方便居民主动式出行，又不影响街道环境。

（二）转变公众出行习惯

倡导主动式出行，要逐步转变公众的出行习惯，除了开展各种健步悦骑活动外，还可以根据城市街道的整体情况、居民的出行需求和健康需求，采取各种方法减少机动车出行，从管理层面入手，逐步转变公众的出行习惯。域外的经验告诉我们，加大购车和用车的成本是有效的。比如在全球交通治理中名列首位的新加坡实行严格的车辆拥有控制（车辆配额系统）和使用控制（拥堵费ERP系统）制度，因此在新加坡购买和使用机动车的成本高额，这就从源头上减少了机动车的数量和出行比例。

国外的治理经验告诉我们，减少停车位供给等方法对转变公众出行习惯是有效的。在我国，关于收拥堵费的讨论从来没有停止，北京、广州都曾有过征收拥堵费的动议，但民调阻力较大，因此至今尚未有城市实施。要实现城市街道治理视域下的运动健康促进，必须扭转公众的出行理念和出行习惯，整天坐在车里，那么健康促进就无从谈起。要从管理层面入手，增加购车、用车的成本，增加停车的难度，把宝贵的城市土地资源用于公共活动空间，而不是冰冷的停车场。当然这需要各级政府进行广泛的宣传，争取社会各界的支持和公众的理解。这可能会是一条相当漫长的路。

（三）建立民主决策机制

此外，要以建立民主决策机制为根本，争取得到社会各界的支持。要坚持"问需于民"，把公众的需求作为第一信号，把公众的满意作为第一标准，通过各种渠道和方式，倾听民声、集中民智、尊重民意、惠及民生，逐步建立起"政府主导、专家领衔、公众参与"的民主决策机制，按照"按需规划""按需设计""按需建设"的原则，提高城市街道的利用率和使用率，让公众产生认同感和归属感，激发他们的主人翁精神，最大程度地满足公众多层次、多样化的出行需求和健康需求，只有这样才能赢得公众的理解、认同和支持。

（四）建立管理维护的长效机制

城市街道及配套的设施如能让行人和骑行者收获安全、放松、愉悦和享受的体验，会对其选择主动式出行形成良性刺激，产生再次参与的动因，随着参与次数的增加，所收获的愉悦体验会不断累积，并逐步内化为日常生活的一部分。而城市街道及设施的管理与维护直接关系到其生命力与吸引力，关系到其使用的频率和使用者体验的质量。因此，要以加强制度建设为核心，实现以制度来管人、管事、管财、管物，逐步建立起管理维护的长效机制。首先，在设计时要考虑到城市街道及基础设施的管理及维护，所使用的材料要坚固耐用，便于后期的维护和更新；其次，在保证管理维护资金投入的同时，明确责任部门和责任人，负责本地区各种城市街道及设施的日常管理与维护，杜绝出现有人建、没人管的现象，避免造成公共资源的闲置与浪费现象的发生。让各种设施和器材处于良好的状态，空间整洁有序、植物健康生长，以保持城市街道及配套设施的安全性和舒适性，让公众拥有更多的获得感。同时可以联合沿街业主、居民和公众团体，成立社区自治机构，对街道设施及空间品质进行维护和日常管理。

此外，进行路面及设施施工占用慢行空间时，必须设置安全的步行

和骑行绕行路线，保证主动式出行的安全。

（五）建立常态化监督机制

要建立常态化的监督机制，把基层治理从"网格化"转向"路长制"。2016年，杭州和西安首先在国内尝试推进"路长制"。城市街道的监督依托"路长制"，实现了街道网格与分级责任的精细化、规范化和常态化。通过监督制度、调度制度和督查制度，压实责任，在做好监督工作的同时协调解决民众反映的各类问题，提升城市街道管理的广度和精度，确立了治理主体多元化、治理责任精确化、治理措施科学化的良好机制。

同时，不少城市将现代信息化技术应用于"路长制"之中，比如通过建立微信公众号，路长在日常工作中发现问题后，将相关问题上传至公众号平台，平台根据问题类型分配给对应的责任人，再将协调整改情况反馈到平台，形成"发现—报送—立案—处理—复查和结案"的治理闭环，有效提升了治理水平和成效。此外，可以联合沿街业主、周边社区居民和社会公众团体，组织基层街区常态化的管理机构，对街道设施及空间品质进行维护监督，并反馈于相关部门。

（六）完善评价体系

随着人性化街道治理理念的回归，街道交通以外的功能也越来越受到重视。对城市街道的评价也由只关注交通效率的评价转向对城市街道的活力、绿化率和交通效率等的综合评价。城市街道的评价亦从单一的评价转向交通、活力、商业、文化、绿化等的多元评价。

应成立由纪委监察部门牵头，科研院所（校）承担，相关领域专家、相关部门及民众代表共同参与的第三方机构，明确机构的职责范围和工作流程。

建立科学的评价指标体系，用以监督、评价城市街道的构建是否充分贯彻了以人为本、慢行优先、健康促进的理念；是否有利于公众的主动式出行，人、财、物的配备是否合理；空间资源是否得到有效整合；城市街道及配套设施的管理与维护是否到位；是否满足了公众的出行需求和健康需求；存在的主要问题是什么；成功的经验有哪些等。良好的评价体系可以收集一些关键性的证据，并提出相应的改进意见和建议，为城市街道的健康发展提供依据，为政府的决策提供参考。

第五节 从空间提质出发，吸引运动健康促进

城市的魅力就在于其多样性，不同年龄、不同人群在这里居住、工作、游憩，人们在使用了城市空间的同时也激活了这些场所。正如雅各布斯言："只有因为并且只有当城市由每个人创造时，它才有能力为所有人提供些什么。"而城市的多样性集中体现在街道上，应鼓励提升街道功能的复合性和吸引力，增加街道对行人的"黏性"，激发街道活力。多样性的街道不仅是交通空间，也是承载城市公共生活的重要媒介，街道功能的复合、多元、多样和丰富，才是城市活力和魅力所在。

街道的多样性和街道的空间品质直接影响着使用者的感受和体验。对选择主动式出行的交通参与者而言，如能收获安全、放松、舒适、便捷和愉悦的体验，会对其主动式出行形成良性刺激，产生再次参与的动因，随着参与次数的增加，所收获的愉悦体验不断累积，主动式出行就会逐步内化为日常生活的一部分，形成绿色、低碳、健康的生活方式，除节能、减排、减少经济支出外，还能达到运动健康促进的目的。因此，要打造绿色街道、活力街道和健康街道，弥补城市绿色空间、社交空间和健身空间的不足，提高居民的身心健康水平和社会适应性，实现从城市街道治理视域促进居民的身体活动和健康。

一、打造绿色街道，为运动健康促进提供环境支撑

街道的绿化情况，特别是烈日下是否有树荫遮阳是居民主动式出行的一个重要影响因素，也是反映街道环境品质的一项重要指标。要统筹道路绿化设施带和建筑退线空间，结合沿街绿化景观加强街道的海绵功能设计，种植高大乔木，设置开放绿地，实现慢行空间绿荫全覆盖；新建的各级城市道路横断面、绿道横断面、慢行路横断面、自行车专用路横断面全面贯彻落实完整林荫道规划理念；既有的上述各种类型道路因

地制宜按需补种树木，创造舒适安全的林荫慢行环境。加强城市道路与两侧城市绿地的联动，一体化设计道路慢行空间与两侧绿地空间，整合功能，打造穿梭于生态景观之间的园林式大道；同时，居民区、交通枢纽周边道路的人行道要落实海绵城市相关要求，宜采用透水或渗水沥青路面；合理利用既有临街建筑的墙面、屋面、露台等空间，采用绿色植生墙、绿色屋顶等海绵措施，丰富街道生态绿色环境的层次感。

二、创建活力街道，为运动健康促进提供"人气"基础

突出以人民为中心的价值观，需满足市民的个性化、体验化和品质化需求，依托城市空间结构，构建街道活力体系。以物质形态的功能优化、空间视觉感知的提升以及环境与活力的协同优化为目标，塑造丰富、包容和富有弹性的活力街道；针对机动车和行人在不同速度下的视觉感知，活跃空间界面，提升街道的活力氛围；丰富街道商业业态，增强环境吸引力和街道活力；规范街道自组织空间，强调街道与活力协同优化的策略，塑造弹性并富有烟火气的城市街道，让街道成为居民休闲游憩、运动健身、娱乐购物的空间和纽带，吸引居民到此散步、遛弯、闲聊等，促进居民身心健康，提高社会适应性。

城市的魅力就在于其多样性，不同年龄、不同人群在这里居住、工作、游憩，使用了城市空间同时也激活了这些场所。而城市的多样性集中体现在街道上，应鼓励提升街道功能的多样性和吸引力，增加街道对行人的"黏性"，激发街道活力。多样性的街道不仅是交通空间，也是承载城市公共生活的重要媒介，街道业态的多元、多样和丰富，才是城市活力和魅力所在。而街道两旁的商铺和"逛吃"的人流正是城市的人间烟火。

（一）丰富的商铺业态

全面提升功能业态，营造丰富的街道场景。在不影响交通通行需求的前提下，鼓励沿街首层设置商业、文化等设施，形成相对连续的积极界面。鼓励在街区、街坊和建筑尺度进行土地复合利用，鼓励业态的多样性，形成水平与垂直功能混合，满足居民日常生活所需，成为步行的

目的地。鼓励通过街道整治提升旧城原有的底商业态，增加业态形式，提升业态品质，形成连续的首层商铺，为街道注入活力，吸引附近居民到此休闲游憩、购物娱乐、运动健身，促进居民的身心健康和社会交往。

（二）特色的路边小店

正是街道两旁无数的特色小店才构成了有意思的街道和城市，因此要鼓励沿街设置各种特色小店。特别对于"住改商"问题要分类管理，区别对待，不能"一刀切"。"住改商"的初衷可能是提升城市形象，而城市的形象和魅力不仅在于干净整洁的街道、标牌统一的商店或精雕细琢的绿化，更在于街道的多样性、生活性和人性化，民众愿意在街道上行走、逗留、交流、休闲、游憩或购物，街道业态的多元、多样和丰富，才是城市活力和魅力所在，街道管理不能对正常经营的"住改商"进行严格清理，却对占道经营的"地摊经济"大开绿灯，建议"住改商"清理应尊重历史事实，尊重自然有机生长法则，"堵疏"结合，对确实影响到了城市沿街区风貌、消防安全、交通状况的应坚决整治，特别是从事饮食、酒吧、KTV等产生噪音和环境污染的"住改商"要依法取缔，遏制非法"住改商"行为的政策性泛滥；对合法经营的方便居民生活的"住改商"要完善相关手续，全面提升符合规划要求的"住改商"商业业态、引导经营方向，促使其符合区域内未来商业发展目标，繁荣街道商业，促进福祉民生。

（三）临时的街头市场

建议在规范沿街经营行为的基础上适当保留临时性的街头市场。在每个城市都会有一些自发形成的街头市场，例如早市，主要由蔬菜、水果、百货、服装、海鲜和早餐等临时摊点构成。早市的定点定时设立，促进了临时性的沿街商品交易，在保障街道正常通行的同时满足了周边居民的生活需要。

结合城市的网格化管理和"路长制"，为市民在社区街道两侧预留微型自建场地，为临时性的街头市场提供场地。同时鼓励市民对这些城市街道进行认领，有创意地自建绿化带、休憩空间，积极促进市民参与

街道的改造计划，增加邻里交流机会，提升街道的烟火气。

三、营造健康街道，为运动健康促进提供场所保障

（一）营造安全的出行环境

健康街道要以慢行优先、空间有序、便捷可靠为目标，引导行人、非机动车和机动车各行其道、有序交会，优先保障行人步行舒适，过街顺畅，同时要保障骑行安全；从不同交通方式的需求出发，协调人和车在城市街道中的关系，优化交通组织管理，建立连续的慢行网络；合理控制机动车道规模，增加慢行空间，提供连续舒适的步行通行空间，以及安全顺畅的骑行环境；提供便利、安全的设施，保障步行和骑行的舒适和安全，促进居民身体活动和健康。

安全是公众日常出行的首要考虑因素。过去，"车本位"的理念影响了公众步行和骑行的安全性，比如被机动车道挤压下的狭窄自行车道，进一步被路侧停车位侵占，无奈只能在机动车道骑行。而人行道被各种机动车、非机动车、街道家具和路边摊占据，行人无路可走，只能"借道"，加上盲道残缺、过街设施不完整、红灯时间过长、栏杆过多等问题，造成了主动式出行安全性和舒适性不佳。因此，城市街道治理视域下的运动健康促进必须确保步行和骑行的安全性，想走就走，想骑就骑，安全无忧。

（二）营造多功能的空间场所

我国可借鉴伦敦提出的"健康街道的10项指标"，并结合我国实际情况，建设具有中国特色、地方特色的健康街道。要以街道为骨架，以街角空间和站前广场等交通节点为载体，营造丰富健康的场所空间，可驻足、观看、赏玩、聊天、运动、静坐甚至发呆，满足和激发居民的生活购物、社会交往、休闲娱乐和运动健身等多种需求，提升街道活力和市民生活品质，让街道不仅成为吸引居民日常主动式出行的通道，亦成为社区生活的延伸、运动健身的场所和社会交往的空间。以健康街道助

力健康城市建设，促进居民的身体活动和健康。

（三）营造丰富的动静空间

打破道路红线界限，将道路步行空间及功能向建筑退线空间延伸并一体化设计，实现步行空间的最大化、城市景观的一体化。活化建筑退线空间功能，丰富动静空间，营造宜停宜行的休闲生活场所，让漫步与停留舒适惬意，让建筑和街道更有温度，吸引居民主动式出行。

第六节　从文化引领出发，倡导运动健康促进

在信息大爆炸的时代，再好的理念、产品和服务也需要利用各种渠道进行宣传，广而告之。因此，各级政府部门在宣传引导上也要下功夫，充分利用各种渠道和场合宣传街道治理的重要性及其对健康的积极影响，倡导公众选择主动式出行，并启动相应的计划、项目和宣传活动。

一、大力宣传主动式出行对个人、家庭和社会的益处

当前，我国要创建积极的社会规范和社会态度，从根本上转变社会各阶层对街道功能和主动式出行的认识。政府层面，要在转变治理理念、提升治理能力的基础上，重视城市街道治理所带来的健康收益，在提升居民身体活动和健康水平的同时促进社会和谐、保护生态环境、共建美好人居环境。各级政府部门要利用各种渠道和媒介大力宣传主动式出行所带来的健康、经济、社会和生态效益，同时加强对公众的健康教育，提高公众的健康素养，促进其养成积极健康的生活习惯；在公众层面，通过上述宣传教育，让公众充分意识到选择主动式出行对个人、家庭及社会所带来的益处，扭转过度依赖小汽车和电动自行车出行的局面，培养短距离出行选择主动式出行的生活方式，此举不仅能够提高出行效率、减少经济支出、节省能源消耗，亦对个人的身心健康有益。

二、引导公众树立"运动无处不在"的理念

要引导公众树立"锻炼在平时、锻炼贵持久"的观念，注重日常身体活动的健康收益。特别要正视电动自行车对健康的影响。在我国的很多城市，电动自行车已成为很多家庭最主要的交通工具。而随之而来的电动自行车对交通、环境的负面影响也已引起社会各界的广泛关注。许多大中城市都开始"限电"，甚至"禁电"，这些措施引发诸多讨论与争议，但执行效果欠佳。同时，电动自行车对健康的负面影响尚未引起社会各界的关注。一方面，电动自行车的大量使用挤压了公众自行车骑行的空间，曾经的"自行车王国"渐被电动自行车所"淹没"，公众也丧失了骑行锻炼的机会；另一方面，长期在寒冷季节骑电动自行车增加了患关节炎的风险；第三，电动自行车事故高发，由电动自行车引起的人身伤害事故屡见不鲜。因此，要加强宣传教育，引导公众树立"运动无处不在"的理念，"动则有益，贵在坚持"，提倡公众利用每一个出行的机会来锻炼身体，"少坐电梯，多走楼梯"，"少开车（汽车、电动自行车），多骑车（或步行）"，形成主动式出行的社会文化氛围，重视日常身体活动所带来的健康收益。

三、积极开展健步悦骑活动，倡导运动健康促进

积极开展无车日活动、健步走活动和自行车日活动等，打造面向公众的健步及骑行赛事文化交流活动；做好宣传推介，发动健步走和骑行爱好者等民众的力量增强示范带动效应，吸引广大市民参与，共同推动和形成主动式出行的文化和氛围，倡导运动健康促进。

步行和骑行不仅是两种最易达成的出行方式，也是许多民众主要的健身方式，对减缓民众日常运动不足的情况具有积极的作用。同时也是解决城市交通拥堵、环境污染和资源枯竭的有效举措，因此受到世界卫生组织的大力推介。除在政策法规层面进行保障以外，亦出台了很多激励计划和措施，这大大提高了公众步行、骑行和利用街道进行健身活动的比例。这些计划和活动都值得我们去思考和借鉴，以帮助我们不断探索在有限的城市空间内有效促进居民身体活动和健康的方式和方法。

第七节　从活化消极空间出发，巩固运动健康促进

前六节主要从促进居民功利型身体活动——主动式出行的角度探讨了城市街道治理层面促进居民身体活动和健康的路径。当前，许多城市都面临着群众"去哪儿健身"难题，因此本节将从拓展街道健身功能的视角为解决这一难题提供一个新的破题思路。

一、街道"消极空间"的活化使用

城市用地紧张是城市发展过程中一个无法回避的问题，城镇化进程中人地失调问题突出，这种粗放型的城镇化进程造成我们一面不断地向大自然、向宝贵的耕地索要新的土地以供城市发展，一面却又在城市中不断造就一片又一片未充分利用而不断衰废的消极空间。因此，我们必须拿出勇气和智慧对这些消极空间进行再开发，以满足公众的多元化需求为指引，激发空间活力、提升空间品质，建造包括全民健身场地在内的各种公共空间。

对城市街道而言，最大的消极空间就在高架桥下。高架桥是机动化城市的典型代表，其确实为提升小汽车的通行效率作出了积极的贡献，但是这些钢筋水泥的庞然大物也破坏了城市原有的肌理，让原本活力十足的街道生活不复存在，同时高架桥底产生了大量消极城市空间。高架桥下空间如何利用几乎是所有大型城市都会面临的问题，这些空间往往是城市高速建设与扩张的附加物。随着城市发展进入新的阶段，这些灰色空间自身的场所价值逐渐显现，经过适当的改造，完全能从中诞生新的公共空间类型。

我国目前城市高架桥下空间最常见的利用方式是建设停车场和绿地。近年来，上海、广州、宁波、常州等城市利用高架桥下空间建设全民健身苑点、体育公园等全民健身场地，为缓解群众"去哪儿健身"难题提供了很好的解题思路，取得了较好的效果，值得肯定和推广。高架桥下空间作为城市街道一种特殊的存在形式，国外亦有其独特的利用方法，包括东京、纽约、多伦多等在内的一批大型城市已经对这个问题给

出了因地制宜的解答：比如商业用途、体育用途、文化用途等。这些回答能够开拓我们的思路，也将高架桥下空间利用的特殊性与普遍性揭示出来，帮助我们更好地把握这些空间开发的边界与潜力。

我们已经因机动化牺牲了太多人性化的城市街道，国内很多城市高架建设仍如火如荼，正在产生着更多的消极空间，如何活化这些空间，需要我们重新定位城市高架，正确认识高架桥下空间的本质。在寸土寸金的城市，我们有理由向外看，学习借鉴，也有信心向内看，总结经验，从每一个具体的场景出发，活化包括高架桥下、废弃厂房、楼顶平台等在内的各种城市消极空间，建设全民健身场地，逐步解决群众"去哪儿健身"的难题。

二、街道"金角银边"的灵活使用

在城市更新的进程中街道一直是改造的重点，通过路面翻新铺设、增加街道绿化、沿街建筑外立面修整、增加夜间灯光和慢行道彩色铺装等，这些改造方式有效改善了街道环境品质，并建成了很多街角口袋公园、小广场和步行绿道等，为居民日常的各种活动提供了新的场所。在全民健身场地不足的情况下，这些街道空间很多已被附近居民用于健身，其中最典型的利用方式就是广场舞场地。因此，在街道更新改造时，要考虑到周边公众的健身需求，尽量不要大范围地铺设草皮，这样会减少公众活动区域，要多种树木，如此既能增加绿视率，也能留出更多可供公众使用的街道空间，亦成为为公众在骄阳下营造的温馨港湾。此外，可以在这些街道空间因地制宜地灵活设置健身苑点或增设健身场地设施，方便周边居民就近锻炼，成为"15分钟健身圈"的重要节点，强化街道的运动健康促进功能。

第八节 从城市街道的体育化利用出发，强化运动健康促进

本节主要对城市街道的体育化利用进行研究。结合国内外的经验，探索除马拉松等大型体育赛事外，通过定期或临时的交通管制，实现城

市街道仅对行人和骑行者开放，让街道不仅成为青少年儿童家门口的"游乐场"，更能成为包括孕妇、老年人和残障人群等特殊群体在内的各类居民进行各种体育活动和社交活动的"运动场"和"聊天室"，促进居民的身体活动和健康，创新运动健康促进的模式。

一、定期的城市街道体育化利用

当前我国定期的街道体育化利用主要是一些健步走和骑行爱好者相约在街道上进行健步走和骑行活动，这是一些自发的、松散的草根组织活动，因此这些活动需要和机动车争夺街道的使用权，这不仅会影响机动车的通行，也增大了发生机非事故或人车事故的可能性，同时活动参与者还要忍受机动车所带来的尾气和噪音污染。这是因为全民健身场地供给与公众健身需求不匹配所造成的无奈局面，当更多人摆脱对机动化出行的依赖选择主动式出行时这种局面会有所改善。

还有一种更彻底的解决方案——机动车限行，但目前在国内采用的频次还非常低，主要是有些城市在一些特定民俗活动时采用。比如不少地方在特定的民俗活动期间会封闭部分路段，实行机动车禁行。比较有代表性的是河北沧州正月十六期间的"遛百病"民俗活动。这种古老的风俗正逐渐演变成为一种崇尚步行的文化，在民间流行。但这种活动每年开展的次数过少，因此对民众的生活和出行方式影响不大。

通过机动车限制，实现城市街道体育化利用的做法，国外亦有一些独特的做法，并且在国外许多城市已盛行多年，此举实现了通过交通管制，限制机动车出行，街道仅对行人和骑行者开放。如何基于我国国情和各地的实际情况，对这种做法进行合理地本土化研究与探索，是后续研究的一个重点。

二、临时的城市街道体育化利用

我国当前最主要的临时的城市街道体育化利用的方式就是举办马拉松等大型体育赛事时通过临时的交通管制，除比赛用车和人员外，限制所有机动车、非机动车和行人进入，实现城市街道只对比赛运动员开放。其他临时的城市街道体育化利用多是一些比如儿童在街边嬉戏玩耍

之类的自发的消遣型身体活动，同样面临着来自机动车的各种风险。

世界卫生组织指出全世界四分之三的青少年（年龄在11~17岁）尚未达到其推荐的身体活动量。在我国，儿童青少年同样广泛存在身体活动不足的情况，对照全球活力健康儿童联盟的"儿童青少年身体活动评价指标体系"，国内儿童青少年的评定等级普遍不高，尤其是社区层面的身体活动水平不甚理想，其中一个主要原因就是大部分社区都缺少儿童青少年活动的场地。此外，当前儿童青少年在日常生活中进行身体活动的机会也受到越来越多的限制，家长们对道路交通安全的担心剥夺了不少儿童青少年步行或骑行探索周围环境的自由，孩子们花费大量的闲暇时间用于玩游戏或看电视，加上参加各种课外辅导班和完成作业等学业上的压力挤掉了很多孩子体育运动和游戏的时间，这些情况导致儿童青少年的身体活动和体质水平的下降。前文介绍的通过提升城市街道治理水平促进功利型身体活动和消遣型身体活动的做法，儿童青少年同样会受益，能增加他们步行或骑行的空间和机会，但对孩子们来说，他们更需要的是家门口的游戏和运动场地。

当前，随着我国公众健康意识的提高，各种"暴走团""骑友会"在城市中遍地开花，规模和数量日益壮大，很多学者也在做有关街道与公众出行的研究，但鲜有研究者关注城市街道的体育化利用。因此，学界要加强域外相关经验的本土化研究，不断探索适合我国国情的利用城市街道进行健身活动的新的方式、方法和途径，为相关部门的决策提供参考。而实践层面最好由体育部门牵头，交通、交警和街道办事处等部门配合，根据当地情况，确定试点路段并制定合理的试行方案，期待国内早日出现试点城市，为解决公众"去哪儿健身"难题提供一个新的破题思路。

结　语

　　城市"因人而生",城市"为人而在"。要实现"城市,让生活更美好"的美好愿景,必须以人的尺度来建设城市中的街道和各种公共空间,为广大民众提供更多安全、舒适、便捷、健康、充满活力的城市空间。城市街道作为民众日常工作、学习、游憩、健身、文娱、购物、就医等活动的重要载体和物质保障,是城市中占比最大、最重要的公共空间,对促进居民身体活动和健康有着不可或缺的重要作用,是在城市治理中更好地落实习近平总书记"把人民健康水平放在优先发展的战略地位"重要指示的关键因素之一。

　　街道是城市生活的缩影,承载着人民对美好生活的向往和追求。在建设健康中国背景下,尤其是在经历了疫情洗礼之后,从政府、学界到普通民众都更加重视健康、关注健康和追求健康。然而,长期以来我国受现代主义城市规划理念影响,许多城市仍然存在"摊大饼式"的发展模式,"职住分离"现象普遍存在于我国的城市中,使广大民众每天通勤的时间与经济成本高昂。同时,城市街道治理理念滞后,街道设计以"车"为本,忽视了对"人"和公共健康的关照,由此带来了交通拥堵、资源枯竭、空气污染、人居环境恶化和身体活动不足等诸多问题。城市中的人们也似乎习惯了出门坐汽车、上楼坐电梯的生活,由此也造成了久坐不动、肥胖等城市文明病蔓延。

　　近年来,遵循着"人民城市人民建、人民城市为人民"的初心和使命,以人民为中心、以人为本和人性化等理念逐步融入到城市街道治理的全过程之中。传统的仅注重车辆通行效率的"车本位"思想逐渐退出了历史舞台,"人本位"成为当前城市街道治理的主流思想。上海、成都、昆明、深圳、南京、北京等城市都先后出台了通过街道治理的顶层设计来提升城市魅力、激发城市活力、改善城市生态、促进社会交往、繁荣商业市场、保证交通安全和倡导绿色出行等的街道设计导则。"以人为本""慢行优先"和"绿色发展"成为众多城市的共同选择。但治理的初衷主要是为了方便公众出行、缓解交通拥堵、治理空气污染和提

升城市形象等，虽然最终也会达到在一定程度上促进居民身体活动和健康的效果，但相关的政策、法规和规范并不是基于运动健康促进来制定的，运动健康促进只是执行过程中的"副产品"，最终效果差强人意。

"体医融合"作为一种新的健康治理模式，毫无疑问会对推进健康中国战略和体育强国战略产生积极的影响，也是体育科学主动融入健康服务领域以解决健康相关问题的关键。然而，建立运动促进健康新模式，不能局限于"体医融合"，有必要拓宽视域，在推进体医融合共生的基础上，探寻健康关口前移的新的落脚点。本研究就把视线投向很容易被公众忽略，但居民日常工作、学习和生活却离不开的街道上。街道是城市中占比最大的公共空间，在深入论述城市街道治理与运动健康促进之间的关系以及国内外城市街道治理视域下的运动健康促进的现状与经验的基础上，提出城市街道治理视域下建立运动促进健康的路径：一是更新治理理念，从思路转变出发，引导运动健康促进；二是完善政策法规，从制度建设出发，保障运动健康促进；三是重视规划设计，从顶层设计出发，推动运动健康促进；四是强化建设管理，从提质增效出发，加强运动健康促进；五是提升空间品质，从功能复合出发，吸引运动健康促进；六是积极宣传引导，从文化引领出发，倡导运动健康促进；七是拓展健身功能，从活化消极空间入手，强化运动健康促进；八是拓宽思路方法，从城市街道的体育化利用出发，创新运动健康促进。实现从理念上引导、从制度上保障、从设计上重视、从管理上提升、从环境上吸引、从文化上引领、从空间上巩固、从思路上创新城市街道治理视域下的运动健康促进新思路、新方式和新途径，吸引包括儿童青少年、孕妇、老年人和残障人群在内的各类居民在街道上进行各种身体活动和体育锻炼，减少对机动化出行的依赖和久坐不动行为，改变居民不良的生活方式和生活习惯，弥补城市健身空间、绿色空间和交往空间的不足，促进公众社会交往，减少社会疏离，提升其身心健康水平和社会适应性；同时通过街道治理减少交通拥堵、空气污染、噪音污染、碳排放和城市热岛效应，改善城市人居环境，提高居民健康水平，达成通过城市街道治理激发城市活力、繁荣街道商业、促进社会交往、传承历史文脉和提升公共健康的共赢局面。

参考文献

一、专著

[1] Rapoport, A.Pedestrian street use: culture and perception. In A.V.Moudon (ed.) Public Streets for Public Use [M]. New York: Columbia University Press, 1987: 81.

[2] Jukes, P.A Shout in the Street [M]. New York: Farrar Straus Giroux, 1990: 35.

[3] Brower, M, Leon, W.The Consumers Guide to Effective Environmental Choices [M]. New York: Three Rivers Press, 1999: 28.

[4] 扬·盖尔. 交往与空间 [M]. 何人可, 译. 北京: 中国建筑工业出版社, 2000: 15.

[5] Andres Duany, et al. Suburban Nation: The Rise of Sprawl and the Decline of the American Dream [M]. New York: North Point Press, 2000: 89.

[6] 斯皮罗·科斯托夫. 城市的形成——历史进程中的城市模式和城市意义 [M]. 单皓, 译. 北京: 中国建筑工业出版社, 2005: 27.

[7] 索斯沃, 本约瑟夫. 街道与城镇的形成 [M]. 李凌虹, 译. 北京: 中国建筑工业出版社, 2006: 40.

[8] 简·雅各布斯. 美国大城市的死与生 [M]. 金衡山, 译. 南京: 译林出版社, 2006: 29

[9] 罗杰·特兰西克. 寻找失落空间——城市设计的理论 [M]. 朱子瑜, 等, 译. 北京: 中国建筑工业出版社, 2008: 3.

[10] 罗德尼·托利. 可持续发展的交通: 城市交通与绿色出行 [M]. 孙文财, 等译, 北京: 机械工业出版社, 2013: 114.

[11] 卢洪友, 等. 外国环境公共治理: 理论、制度与模式 [M]. 北京: 中国社会科学出版社, 2014: 1.

[12] 维卡斯·梅赫塔. 街道: 社会公共空间的典范 [M]. 金琼兰, 译. 北京: 电子工业出版社, 2016: 8.

[13] 美国全球城市设计倡议协会，美国国家城市交通官员协会.全球街道设计指南[M].王小斐，胡一可，译.南京：江苏凤凰科学技术出版社，2018：20.

[14] 珍妮特·萨迪·汗，赛斯·所罗门诺.抢街：大城市的重生之路[M].宋平、徐可，译.北京：电子工业出版社，2018.

二、期刊

[1] Duncan, JJ, Gordon, NF and Scott, CB. Women walking for health and fitness. How much is enough? [J]. Journal of the American Medical Association.1991, 266（23）：3295-9.

[2] Hillsdon, M and Thorogood, M.A systematic review of physical activity promotion Strategies [J]. Br J Sports Med, 1996（30）：84-9.

[3] Morris, JN and Hardman, A. Walking to Health [J]. Sports Medicine, 1997, 23（5）：306-32.

[4] Paffenbarger, R. Personal communication, quoted in Morris, JN and Hardman, A（1997）'Walking to Health [J]. Sports Medicine, 1997, 23（5）：321.

[5] 李可基，张宝慧.国际组织和各国政府关于运动促进健康政策及措施的分析与比较[J].体育科学，2003，23（1）：91-95.

[6] 吕东旭，张明伟，李建国.建设健康城市的体育健康促进目标体系研究[J].中国体育科技，2007，43（1）：12-15.

[7] 温锋华，李立勋."住改商"与城市空间多样性研究[J].特区经济，2007（6）：144-145.

[8] Blair SN.Physical Inactivity: the Biggest Public Health Problem of the 21st Century [J]. Br J Sports Med, 2009, 43（1）：1-2.

[9] 唐立慧，郗昌店，唐立成.我国体育健康促进研究述评[J].天津体育学院学报，2010，25（3）：201-205.

[10] 陈志端，解翔文，赵谦.让街道承载更多的社会功能[J].科学新闻，2011（5）：72-75.

[11] 蔡玉军，等.城市公共体育空间结构现状模式研究——以上海市中心城区为例[J].体育科学，2012，32（7）：9-17.

［12］麻宝斌，等.公共治理理论与实践［M］.北京：社会科学文献出版社，2013：15.

［13］汪晓赞，等.中国青少年体育健康促进的理论渊源与框架构建［J］.体育科学，2014，34（3）：3-14.

［14］高克跃."街"、"路"概念辨析与街道设计基本理念［J］.城市交通，2014，12（1）：61-65+73.

［15］张昱，刘学敏，张红.城市慢行交通发展的困境与思路［J］.城市发展研究，2014，21（6）：113-116.

［16］刘峥，唐炎.公共体育服务政策执行阻滞的表现、成因及治理［J］.体育科学，2014，34（10）：79-82.

［17］汪波，黄晖明，杨宁.运动是良医：运动促进健康的新理念——王正珍教授学术访谈录［J］.体育与科学，2015，36（1）：7-12.

［18］黄亚茹，梅涛，郭静.医体结合，强化运动促进健康的指导——基于对美国运动促进健康指导服务平台的考察［J］.中国体育科技，2015，51（6）：3-9.

［19］刘国永.全面深化群众体育改革的思考［J］.体育科学，2015，35（8）：3-7，51.

［20］曹垚，白光斌.我国城市社区体育治理的困境与超越［J］.体育与科学，2021，42（1）：56-60+66.

［21］田野.体育活动、体质与健康：全民健身与健康促进10年回顾［J］.生理科学进展，2014，45（4）：243-246.

［22］彭国强，舒盛芳.美国运动健康促进服务体系及其对健康中国的启示［J］.体育与科学，2016，37（5）：112-120.

［23］Billie Giles-Corti, Anne Vernez-Moudon, Rodrigo Reis, Gavin Turrell, Andrew L Dannenberg, Hannah Badland, Sarah Foster, Melanie Lowe, James F Sallis, Mark Stevenson, Neville Owen. City planning and population health: a global challenge［J］. The Lancet, 2016, 388（10062）, 2912-2924.

［24］姚婕，杨彦琴.香港：窄马路、密路网与开放式街区［J］.北京规划建设，2016（3）：57-60.

［25］吴晓燕，关庆华.从管理到治理：基层社会网格化管理的挑战与变革［J］.理论探讨，2016（2）：147-152.

[26] Sallis JF, et al, . Use of science to guide city planning policy and practice: how to achieve healthy and sustainable future cities.[J]. Lancet. 2016, 388 (10062): 2936-2947.

[27] 陈海龙. 转型时期我国全民健身的发展研究——以暴走运动为例[J]. 南京体育学院学报：自然科学版，2016，15（4）：128-132.

[28] 张加林，等. 全球视域下我国城市儿童青少年身体活动研究——以上海市为例[J]. 体育科学，2017，37（1）：14-27.

[29] 程孟良. 健康中国背景下城市化进程中休闲健身空间建设探讨[J]. 广州体育学院学报，2018，38（1）：47-50.

[30] 申犁帆，张纯，李赫，王烨. 大城市通勤方式与职住失衡的相互关系[J]. 地理科学进展，2018，37（9）：1277-1290.

[31] 韩志明. 街道空间的利用及其多元治理机制——以行动者为中心的分析[J]. 湖南师范大学社会科学学报，2018，47（6）：89-96.

[32] 张帆，骆悰，葛岩. 街道设计导则创新与规划转型思考[J]. 城市规划学刊，2018（2）：75-80.

[33] 陈水生. 中国城市公共空间生产的三重逻辑及其平衡[J]. 学术月刊，2018，50（5）：101-110.

[34] 李金. 赋能"深圳蓝"，助力大交通[J]. 人民公交，2018（5）：100.

[35] 冯振伟，韩磊磊. 融合·互惠·共生：体育与医疗卫生共生机制及路径探寻[J]. 体育科学，2019，39（1）：35-46.

[36] 葛岩，祁艳，唐雯，等. 街道复兴：需求导向的街道设计导则编制实践与思考[J]. 城市规划学刊，2019（2）：90-98.

[37] 李楠. 北京篑街：文化脉络延续下的城市街道一体化设计提升[J]. 北京规划建设，2019（3）：90-93.

[38] 张葳，叶学良. 当下城市街道功能探究[J]. 大众文艺，2019（14）：240-241.

[39] 秦健. 完整街道视角下的城市道路功能分析[J]. 城市道桥与防洪，2019（2）：6-10.

[40] 李晓江，吴承照，王红扬，等. 公园城市，城市建设的新模式[J]. 城市规划，2019，43（3）：50-58.

[41] 倪国新，邓晓琴，徐玥，等.体医融合的历史推进与发展路径研究[J].北京体育大学学报，2020，43（12）：22-34.

[42] 汪晓赞，杨燕国，孔琳，等.中国儿童青少年体育健康促进发展战略研究[J].成都体育学院学报，2020，46（3）：6-12.

[43] 栾立欣，谢玲，赵欣.精细化治理视角下的城市街道空间规划体系研究——以长春市人民大街为例[J].规划师，2020，36（S2）：47-53.

[44] 温勇.健康促进的概念及领域——对《基本医疗卫生与健康促进法》"健康促进"部分的解读[J].人口与健康，2020（8）：25-29.

[45] Giulio Mattioli, Cameron Roberts, Julia K. Steinberger, Andrew Brown. The political economy of car dependence: A systems of provision approach [J]. Energy Research & Social Science, 2020（66）: 101486.

[46] 李铁.城市规划专家为何反对城市"摊大饼"式发展[J].广西城镇建设，2020（4）：7.

[47] 胡一可，张文正，王苗.丽江古城旅游景区街道功能对街道活力的影响研究[J].景观设计，2020（5）：24-31.

[48] 苏世亮，胡莉蓉，张惠，等.健康公平视域下的城市食品荒漠研究进展[J].科技导报，2020，38（7）：93-100.

[49] 王丽君，王志伟，李润桐，等.交通相关空气污染对不同年龄人群的健康影响研究进展[J].环境卫生学杂志，2020，10（5）：510-515.

[50] 梁思思，黄冰冰，宿佳境，等.儿童友好视角下城市街道安全设计策略实证探索——以北京老城片区为例[J].上海城市规划，2020（3）：29-37.

[51] 李昊，王俊，赵晓静.优化城市街道管理 激发城市商业活力[J].先锋，2020（8）：36-38.

[52] 张子慧，公伟.开放社区视角下的社区城市街道步行体验提升策略[J].设计，2020，33（21）：147-149.

[53] 饶斯杰.公园街区城市街道设计研究与实践探索[J].四川建筑，2020，40（5）：12-14.

[54] 施澄,袁琦,潘海啸,等.城市街道步行适宜性测度与设计导控——以上海静安寺片区为例[J].上海城市规划,2020(5):71-79.

[55] 王刚.小街区密路网的适用性分析[J].交通工程,2020,20(6):19-23.

[56] 杨廉.关于城市道路"人非共板"两幅路断面形式的探讨[J].四川水泥,2020(2):50.

[57] 孙仕宏,聂卿.滁州:"路长制"创新道路精细化管理[J].道路交通管理,2020(2):52-53.

[58] 观法.民法典关于小区共同部分的收益和"住改商"是如何规定的?[J].江淮法治,2020(18):60.

[59] 王维艳,李宏,沈琼.乡村社区旅游空间不正义及其"住改商"制度症结——波兰尼嵌入性视角下的西江苗寨实证研究[J].人文地理,2020,35(5):77-84.

[60] 王刚,赵思方.从网格化到路长制:城市基层治理精细化中的制度超越与模式创新[J].河南社会科学,2020,28(8):92-98.

[61] 蒋芳.健康城市视角下武汉市街道更新策略研究[J].美与时代:城市版,2020(8):27-28.

[62] MasAlòs Sebastià, et al. Feasibility Assessment of the Let's Walk Programme (CAMINEM): Exercise Training and Health Promotion in Primary Health-Care Settings.[J]. International journal of environmental research and public health, 2021, 18(6).

[63] 胡家骏.国内外城市街道设计导则解读与规划思考[J].北京规划建设,2021(1):42-48.

[64] 陈煊,刘奕含,丁竹慧.基于行动策划的街道公共空间治理路径研究——以纽约街道空间治理过程为例(2007—2020年)[J/OL].国际城市规划:1-12[2021-06-20].http://kns.cnki.net/kcms/detail/11.5583.TU.20210326.1446.002.html. Tainio Marko et al. Air pollution, physical activity and health: A mapping review of the evidence[J]. Environment International, 2021, 147.

[65] 郑金龙,李兵,程雯.城市交通相关空气污染健康风险研究综述[J].汽车实用技术,2021,46(5):199-201.

［66］余洋，蒋雨芊，张琦瑀. 城市街道健康影响路径和空间要素研究［J］. 风景园林，2021，28（2）：55-61.

［67］许齐富. 市政道路施工作业品质把控方案分析［J］. 中国科技信息，2021（5）：112-113.

三、学位论文

［1］叶洋. 基于绿色交通理念的城市中心区空间优化研究［D］. 哈尔滨：哈尔滨工业大学，2016.

［2］潘星婷. 城市公共开放空间（POS）可达性研究进展与评价方法评述［D］. 深圳：深圳大学，2017.

［3］陈秋霖. 城市公共空间中互动影像装置的公共化路径研究［D］. 武汉：华中科技大学，2018.

［4］张瑞方. 城市街道品质评价与分析［D］. 邯郸：河北工程大学，2020.

［5］邓卓. 完整街道理念下的慢行空间改造优先级决策研究［D］. 广州：华南理工大学，2020.

四、电子文献

［1］新华网. 未来城市：走下概念神坛［EB/OL］. http：//news.xinhuanet.com/globe/2010-09/25/c_13526634.htm. 2010-09-25.

［2］齐鲁网. 机动车占用80%道路资源 济南明年将重点保障慢行路权［EBO/L］. http：//news.iqilu.com/shandong/yuanchuang/2013/1203/1768656.shtml，2013-13-03.

［3］第一财经网. 彼得卡尔索普：中国城镇化应对"超大街区"说"不"［EB/OL］. https：//www.yicai.com/news/4022755.html，2014-9-24.

［4］人民网. 国土部：中国城镇化发展"人地失调"问题突出［EB/OL］. http：//politics.people.com.cn/n/2014/1130/c70731-26120569.html. 2014-11-30.

［5］共产党员网. 中国共产党第十八届中央委员会第五次全体会议公报［EB/OL］. http：//news.12371.cn/2015/10/29/ARTI1446118588896178.shtml.2015-10-29.

[6] 中国共产党新闻网.习近平谈"十三五"五大发展理念之三：绿色发展篇[EB/OL]. http：//cpc.people.com.cn/xuexi/n/2015/1112/c385474-27806216-2.html，2015-11-12.

[7] 人民网.《2014年全民健身活动状况调查公报》发布[EB/OL]. http：//sports.people.com.cn/jianshen/n/2015/1116/c150958-27820851.html. 2015-11-16.

[8] 环球网.中央时隔37年再次部署城市未来发展"路线图"[EB/OL]. https：//china.huanqiu.com/article/9CaKrnJTZza，2016-2-22.

[9] 搜狐网.《上海市街道设计导则》[EB/OL]. https：//www.sohu.com/a/117156889_468661，2016-10-25.

[10] 沧州市人民政府.关于《沧州市城市总体规划（2016—2030年）》正式发布实施的通告[EB/OL]. http：//www.cangzhou.gov.cn/zwbz/zwdt/gggq/408772.shtml，2016-9-14.

[11] 中国政府网.上海布局"15分钟社区生活圈"：既有"高大上"更要"小而全"[EB/OL]. http：//www.gov.cn/xinwen/2016-10/31/content_5126605.htm，2016-10-31.

[12] 上海市规划和国土资源局.关于印发《上海市15分钟社区生活圈规划导则（试行）》的通知[EB/OL]. http：//hd.ghzyj.sh.gov.cn/zcfg/ghss/201609/t20160902_693401.html.

[13] 搜狐网.定了！新一轮武汉城市总体规划出炉，未来15年，武汉让你刮目相看！[EB/OL]. https：//www.sohu.com/a/123470423_347982，2017-1-5.

[14] 思客.冯仑.城市高架的下半身暴露了城市的品位[EB/OL]. http：//sike.news.cn/statics/sike/posts/2017/05/219518454.html，2017-5-12.

[15] 搜狐网.城市与健康：街道设计可以让生活更健康[EB/OL]. https：//www.sohu.com/a/149129814_617377.2017-6-15.

[16] 新浪四川.成都2022年全面建成智慧交通体系[EB/OL]. http：//sc.sina.com.cn/news/b/2017-06-27/detail-ifyhmtek7841763.shtml，2017-6-27.

[17] 中国政府网.《北京城市总体规划（2016—2035年）》发布[EB/OL]. http：//www.gov.cn/xinwen/2017-09/30/content_5228705.htm，2017-9-30.

[18] 武汉市规划研究院.武汉市绿道系统建设规划［EB/OL］.http：//www.wpdi.cn/project-3-i_11335.htm，2017-10-11.

[19] 中国共产党新闻网.胡锦涛在中国共产党第十七次全国代表大会上的报告（全文）［EB/OL］.http：//cpc.people.com.cn/GB/64162/64168/106155/106156/6430009.html.2017-10-15.

[20] 搜狐网.纽约高线公园 High Line Park［EB/OL］.https：//www.sohu.com/a/218839004_188910，2018-1-25.

[21] 浙江省体育局.2017年我省全民健身活动状况显著提升［EB/OL］.http：//www.zjsports.gov.cn/art/2018/2/13/art_1347253_15569317.html.2018-2-13.

[22] 搜狐网.活力之城：迈向步行的世界（上篇）［EB/OL］.https：//www.sohu.com/a/224248830_260595.2018-2-27.

[23] 中国政府网：多部门关于印发《百万公里健身步道工程实施方案》的通知［EB/OL］.http：//www.gov.cn/xinwen/2018-03/16/content_5274663.htm.2018-3-16.

[24] 常州市经济与社会发展综合咨询服务平台.锁定目标，着力打造运动健康城市的"常州样本"［EB/OL］.http：//www.czic.org/PortalWeb/CZInfoCenter/detailInfo？Id=1858，2018-3-30.

[25] 中国雄安.河北雄安新区规划纲要［EB/OL］.http：//www.xiongan.gov.cn/2018-04/21/c_129855813.htm.2018-4-21.

[26] 中国常州网.常州今年新建45个社区体育公园 看看哪些在你家门口［EB/OL］.http：//news.cz001.com.cn/2018-06/04/content_3461837_2.htm，2018-6-4.

[27] 搜狐网.来自世界卫生组织的提醒："缺乏运动"成为第四大死亡风险因素［EB/OL］.https：//www.sohu.com/a/254351455_100113826，2018-9-17.

[28] 东方网.上海即将出台全国首份街道设计标准！北横通道将试点打造你"爱逛的街道"［EB/OL］.http：//sh.eastday.com/m/20190319/u1ai12342342.html，2019-3-19.

[29] 住房城乡建设部.住房城乡建设部办公厅关于国家标准《步行和自行车交通系统规划设计标准》公开征求意见的通知［EB/OL］.http：//www.mohurd.gov.cn/zqyj/201810/t20181019_237971.html，

2018-10-18.

[30] 中国经济网.北京首条"自行车高速路"今天开通 全长6.5公里[EB/OL].http：//www.ce.cn/xwzx/gnsz/gdxw/201905/31/t20190531_32235189.shtml，2019-5-31.

[31] 武汉市自然资源和规划局.武汉2035年国土空间总体规划听取专家意见[EB/OL].http：//www.wpdi.cn/news-institutional-i_11619.htm，2019-9-4.

[32] 搜狐网.2018年《全球道路安全现状报告》[EB/OL].https：//www.sohu.com/a/312577087_756004，2019-9-5.

[33] 搜狐网.街道设计的学问，从批量复制到单品定制[EB/OL].https：//www.sohu.com/a/348123916_243376，2019-10-19.

[34] 新华报业网.习近平.人民城市人民建、人民城市为人民[EB/OL].http：//news.xhby.net/index/201911/t20191103_6389718.shtml，2019-11-3.

[35] 武汉市自然资源和规划局.市自然资源和规划局 市发改委 市城建局 市公安交管局关于加强武汉市街道全要素规划设计建设的通知[EB/OL].http：//zrzyhgh.wuhan.gov.cn/zwdt/tzgg/qtgg/202001/t20200107_614977.shtml，2019-11-5.

[36] 北晚新视觉."步行自行车友好城市"来了！北京慢行系统年内完成850公里治理[EB/OL].https：//www.takefoto.cn/viewnews-1949804.html，2019-11-6.

[37] 搜狐网.国家卫健委：全国共314个国家卫生城市（区）填报2018年度全国健康城市评价数据[EB/OL].https：//www.sohu.com/a/365959384_114731.2020-1-1.

[38] 腾讯网.1929年"大上海计划"，国民政府打造的上海新城为何失败了？[EB/OL].https：//page.om.qq.com/page/Oz_GJPJdY2Uw_yhjKNCWqliQ0，2020-3-31.

[39] 株洲市政府研究室.关于株洲市区"停车难"问题的现状分析和对策研究[EB/OL].http：//yjs.zhuzhou.gov.cn/c14275/20200423/i1503937.html，2020-4-23.

[40] 东方网.深圳全力打造慢行交通友好城市1公里便捷步行，3公里舒适骑行[EB/OL].http：//news.eastday.com/eastday/13news/auto/

news/china/20200610/u7ai9327700.html，2020-6-10.

[41] 北京规划自然资源网.城市街道如何设计？看看《北京街道更新治理城市设计导则》怎么说［EB/OL］.https：//baijiahao.baidu.com/s？id=1672289121261290355&wfr=spider&for=pc，2020-7-15.

[42] 中国政府网.2020年上半年全国机动车保有量达3.6亿辆［EB/OL］.http：//www.gov.cn/xinwen/2020-07/18/content_5528056.htm，2020-7-18.

[43] 北京市人民政府.《北京街道更新治理城市设计导则》发布 从"以车优先"转变为"以人优先"http：//www.beijing.gov.cn/ywdt/gzdt/202007/t20200720_1951859.html，2020-7-20.

[44] 交通运输部.交通运输部 国家发展改革委关于印发《绿色出行创建行动方案》的通知［EB/OL］.http：//xxgk.mot.gov.cn/2020/jigou/ysfws/202007/t20200724_3437849.html，2020-7-23.

[45] 央广网，谈教文卫体，习近平这些提法很亮眼［EB/OL］.https：//baijiahao.baidu.com/s？id=1678628762947995555&wfr=spider&for=pc.2020-9-23.

[46] 艾媒网.共享单车行业数据分析：2020中国68.6%用户在日常短途出行用共享单车［EB/OL］.https：//www.iimedia.cn/c1061/75697.html，2020-12-20.

[47] 微信公众号：全球首个碳中和之都：丹麦哥本哈根的2025碳中和之路［EB/OL］.https：//mp.weixin.qq.com/s/Xa8Osq_5E96Dkx6Tv645bA，2020-11-3.

[48] 共产党员网.中共中央关于制定国民经济和社会发展第十四个五年规划和二〇三五年远景目标的建议［EB/OL］.http：//www.12371.cn/2020/11/03/ARTI1604398127413120.shtml.2020-11-03.

[49] 人民网.北京"'十四五'智慧城市发展行动纲要"征求意见 https：//baijiahao.baidu.com/s？id=1684413063251687811&wfr=spider&for=pc，2020-11-23.

[50] 世界卫生组织说：每种活动都有益健康［EB/OL］.https：//www.who.int/zh/news/item/25-11-2020-every-move-counts-towards-better-health-says-who，2020-11-25.

[51] 搜狐网.盖春英：全国首部步行和自行车交通环境规划设计标准解读[EB/OL].https：//www.sohu.com/a/429878183_468661，2020-11-5.

[52] 中国政府网.国务院新闻办就《中国居民营养与慢性病状况报告（2020年）》有关情况举行发布会[EB/OL].http：//www.gov.cn/xinwen/2020-12/24/content_5572983.htm.2020-12-24.

[53] 澎湃新闻网.武汉发布《新型智慧城市实施方案》（2021，全文）[EB/OL].https：//www.thepaper.cn/newsDetail_forward_10718429，2021-1-8.

[54] 新华网.实现碳达峰碳中和的根本途径[EB/OL].http：//www.xinhuanet.com/politics/2021-03/16/c_1127216053.htm，2021-3-16.

[55] 常州市人民政府.市政府办公室关于印发《常州市美丽宜居城市建设综合试点实施方案》的通知[EB/OL].http：//www.changzhou.gov.cn/ns_news/910161674508109，2021-3-22.

[56] 澎湃新闻网.促进人人健康的北京城市开放空间规划研究[EB/OL].https：//m.thepaper.cn/baijiahao_12730865，2021-5-18.

[57] International Paralympic Committee, World Health Organization sign memorandum of understanding to cooperate in the promotion of diversity and equity in health and sports[EB/OL]. https：//www.who.int/news/item/22-07-2021-international-paralympic-committee-world-health-organization-sign-memorandum-of-understanding-to-cooperate-in-the-promotion-of-diversity-and-equity-in-health-and-sports.2021-7-22.

[58] 中国政府网.国务院印发《全民健身计划（2021—2025年）》[EB/OL].http：//www.gov.cn/xinwen/2021-08/03/content_5629234.htm.2021-8-3.

[59] 腾讯新闻.花坛簇拥，平安大街变美了！西城段3.5公里中央绿化带建成[EB/OL].https：//xw.qq.com/cmsid/20210628A038TM00，2021-8-24.

[60] 央广网.贯彻慢行优先 上海出台《慢行交通规划设计导则》[EB/OL].http：//www.cnr.cn/shanghai/tt/20210830/t20210830_525584587.shtml，2021-8-30.

［61］北京市人民政府网.《北京市慢行系统规划（2020—2035年）》公示 本市将打造"公交+慢行"绿色出行模式［EB/OL］. http：// www.beijing.gov.cn/ywdt/gzdt/202109/t20210903_2483137.html？ivk_sa=1023197a，2021-9-3.

［62］中国经济网.北京：步行、骑行比例合计达到46.7% 近五年最高点［EB/OL］. http：//district.ce.cn/newarea/roll/202109/13/t20210913_36906997.shtml，2021-9-13.

［63］人民网.国家发改委：2021年末常住人口城镇化率达到64.72%［EB/OL］. https：//baijiahao.baidu.com/s？id=1725431515532195505&wfr=spider&for=pc，2022-2-22.

五、其他

［1］住房和城市建设部.关于加强城市公共厕所建设和管理的意见［Z］. 2008.9.

［2］The Local Government Association. Ageing：The Silver Linings，The opportunities and challenges of an ageing society for local governments［R］. London：The Local Government Association.，2013.

［3］Design Council.Active by Design，Designing Places for Healthy Lives［R］. London：Design Council，2014.

［4］国家卫生计生委.中国公民健康素养——基本知识与技能（2015年版）［Z］.2015.

［5］自然资源保护协会.2015年中国步行友好性评价报告［R］.北京：自然保护协会，2015.

［6］自然资源保护协会.2015中国城市步行友好性评价报告［R］.北京：自然资源保护协会，2015.

［7］Public Health England.Getting Active Outdoors：a study of Demography，Motivation，Participation and Provision in Outdoor Sport and Recreation in England［R］. London：Public Health England，2015.

［8］Sport England.Active Design［R］. London：Sport England，2015.

［9］中共中央 国务院关于进一步加强城市规划建设管理工作的若干意见［Z］.2016-02-2.

[10] 国务院. "健康中国2030" 规划纲要 [Z]. 2016.10.

[11] 世界资源研究所. 设计让城市更安全 [R]. 北京：世界资源研究所, 2017.

[12] Transport for London. Healthy Streets for London：Prioritising Walking, Cycling and PublicTransport to Create a Healthy City [R]. London：Mayor of London, Transport for London, 2017.

[13] World Health Organization. WHO Global action plan on physical activity and health 2018–2030：More active people for a healthier world [R]. Geneva：World Health Organization, 2018.

[14] Sadiq Khan, The Mayor's Transport Strategy 2018 [R]. London：Sadiq Khan, 2018.

[15] 上海市规划和国土资源局. 上海市城市总体规划（2016—2035）[Z]. 2018.

[16] 杨小广. 全力推进美丽宜居公园城市创新实践 [N]. 成都日报, 2019-07-17（006）.

[17] 成都市规划和自然资源局. 成都市公园城市街道一体化设计导则 [Z]. 2019.

[18] 国务院. 体育强国建设纲要 [Z]. 2019.8.

[19] 世界资源研究所. 株洲街道设计导则 [Z]. 2019.

[20] 北京市城市规划设计研究院，北京市规划和国土资源管理委员会. 北京街道更新治理城市设计导则 [Z]. 2020.

[21] 方黎明. "以人为本"分区分类管控街道空间 [N]. 中国自然资源报, 2020-07-23（003）.

[22] 上海市政府新闻办公室，上海市统计局. 上海概览2020 [Z]. 2020.